SÜSSER ZAUBER

FÜR TINA T. UND STEFFI S.

MARIE LANGENAU

SÜSSER ZAUBER

75 LECKEREIEN VON KRUMELURER BIS LEMON SHORTBREAD

CHRISTIAN

⏰ ZEIT   🥣 PORTIONEN

🧁 STÜCKZAHL   🍾 LITERANGABE

FRISCH & FRUCHTIG

Im Sommer und im Herbst ist der Garten voll herrlich reifer Früchte, vom Apfel bis zur Stachelbeere. Und das bedeutet, es gibt viel zu tun. Einige Früchte werden direkt vom Strauch oder Baum genascht, der Rest möchte verarbeitet werden. Es wird gebacken, eingekocht und entsaftet. Und anschließend gibt es nichts Schöneres, als im Garten einen noch warmen Apfelkuchen mit Sahne zu genießen!

SEITE 8

SÜSSE KLASSIKER

Es gibt so viele leckere Klassiker, die einfach in ein zauberhaftes Backbuch gehören, auch wenn sie wohlbekannt sind. Die traditionellen Rezepte stammen aus meiner Familie, aber auch aus befreundeten Familien, und präsentieren sich hier teilweise im neuen Gewand. Haben Sie Ihren Lieblingsklassiker schon gefunden? Probieren Sie auf jeden Fall den Butterkuchen von Tante Leni nach echt norddeutscher Art.

SEITE 68

KÖSTLICHKEITEN MIT SCHOKOLADE

Obst ist gesund und Schokolade macht
glücklich. Und Obst im Schokoladenmantel macht sehr glücklich! In diesem
Kapitel finden Sie jede Menge Glücklichmacher in den unterschiedlichsten Zube-
reitungen vom Baiser bis zum Brownie.
Probieren Sie auf jeden Fall die Törtchen
auf Schokobiskuit. Oder darf es noch ein
bisschen mehr von Annelis geeisten
Küchlein sein?

SEITE 100

KLEIN & FEIN

Nicht nur im Winter zu Weihnachten sind
Plätzchen wunderbar. Kekse und kleines
Gebäck schmecken immer. Sie sind schnell
und einfach gemacht für Zwischendurch
zum Naschen, als kleine Nervennahrung,
aber auch als liebevolles Mitbringsel. Genießen Sie zum Beispiel das Mandelgebäck
nach einem Rezept meiner schwedischen
Patentante! Das Shortbread macht sich in
hübscher Verpackung als Geschenk sehr gut.

SEITE 130

ERFRISCHENDE DURSTLÖSCHER

Selbst hergestellte leckere Drinks aus frischen Früchten und Blüten dürfen nicht
fehlen. Eingekocht, frisch püriert, aufge-
brüht oder angesetzt – für jeden ist etwas
dabei. Probieren Sie den erfrischenden
geeisten Beerensmoothie oder machen
Sie es sich mit einem Erdbeersaft mit
Rhabarber und Holunder gemütlich. An
kalten Tagen wärmt die Heiße Schoki
Körper und Seele.

SEITE 158

VORWORT

75 Momente des süßen Zaubers oder 75 gute Gründe fürs Backen finden Sie, liebe Leserin und lieber Leser, in diesem Buch.

Meine innigsten Gründe fürs Backen verrate ich Ihnen gerne. Ich bin ganz vernarrt in Süßes, und ich liebe es, in einer Konditorei die Auslage zu bewundern und alle Möglichkeiten im Kopf und Gaumen durchzuspielen. Möchte ich heute die sahnige Torte im feinen Marzipanmantel? Oder lieber das Schokoladenküchlein, das auf der Zunge zergeht? Oder doch den Mürbeteigkeks mit den knackigen Nüssen? Das gleiche festliche Gefühl stellt sich zu Hause ein, wenn ich mir überlege, was ich heute backen möchte.

Backen bedeutet für mich, gut für meine Liebsten und mich zu sorgen, es sich im Alltag schön zu machen und den „süßen Müßiggang" zu pflegen. Backen entschleunigt außerdem: Ein Hefeteig lässt sich nicht hetzen, er nimmt sich die Zeit, die er braucht.

Backen hilft, alte Küchenschätze zu bewahren. Vor allem aber weckt es viele schöne Erinnerungen. Wenn ich genüsslich in eine Hefeschnecke mit Kardamom beiße, denke ich daran, wie schön es war, meine Großeltern in Schweden zu besuchen und morgens von dem Geklapper aus der Küche und dem Duft nach frisch Gebackenem geweckt zu werden. (Bis zu zwölf Hefeschnecken soll ich damals angeblich zum Frühstück verspeist haben.) Oder ich sehe vor mir, wie ich zusammen mit meiner Schwester auf der Rückbank des alten Volvo Amazon meines Großvaters saß und wir über holprige Landstraßen fuhren, um dann am Meer, auf einer Wiese oder Waldlichtung ein Picknick zu machen – mit Krumelurer, Himbeerschnittchen und vielen anderen Leckereien meiner Großmutter.

Gerne erinnere ich mich auch an meine Kindheitsfreundin Christine. Denke ich an Christine – liebe Christine, bitte sei mir nicht böse –, dann denke ich an Butterkuchen. Meine Eltern hatten mir damals einen kleinen Backofen und mein erstes, heiß geliebtes Backbuch geschenkt. Wir Kinder stellten den Backofen mithilfe eines Verlängerungskabels in den Garten unter eine große Weide und backten dort unseren Lieblingskuchen, nämlich besagten Butterkuchen.

Die Liste meiner Erinnerungen ließe sich fast endlos fortsetzen. Ich bin mir sicher, Sie haben Ihre eigenen guten Gründe, um zu backen. In diesem Buch finden Sie alte Familienrezepte, insbesondere von meiner schwedischen Großmutter, aber auch Rezepte von Freunden – beim Backen lässt sich nicht alles neu erfinden – und eigene Kreationen. Meine Backvorbilder sind Klassiker, die ich abwandle und in „neuem Kleid" präsentiere.

Lassen Sie sich davon inspirieren, lassen Sie es sich gut gehen und machen Sie es wie der Hefeteig: Nehmen Sie sich die Zeit, die Sie für sich brauchen!

Ihre Marie Langenau

FRISCH & FRUCHTIG

Bei uns im Garten wachsen jede Menge Früchte: Erdbeeren, Stachelbeeren, Äpfel und Pflaumen. Jedes Mal bin ich voller Glück, wenn die Früchte endlich reif sind und ich sie pflücken oder sammeln kann. Ich erfreue mich an ihren prallen Formen, an den Farben, dem Duft und natürlich an dem herrlich fruchtigen Geschmack. Und jedes Mal ist auch Neugier dabei: Schmeckt es süß oder sauer? Von unseren Spaziergängen in der Natur bringen wir uns oft noch Blaubeeren, Brombeeren und Preiselbeeren mit. Auch Freunde haben manchmal etwas übrig und überraschen uns mit saftigen Kirschen oder Quitten. So haben wir immer eine große Auswahl an frischen Früchten daheim. Einige werden sofort und pur genascht, andere werden gleich verarbeitet oder eingefroren. So kann ich auch in der kalten Jahreszeit fruchtige Köstlichkeiten zaubern, von der eingemachten Marmelade bis zur herrlichsten Torte. Und das Schönste: Die ganze Familie kann helfen, vom Pflücken bis zum Vernaschen!

MIRABELLENTARTE

MIT ZUCKER

FÜR DEN TEIG
100 g Butter, mehr für die Form
220 g Mehl, mehr zum Verarbeiten
50 g Puderzucker
1 Prise Salz
2 EL Zucker für die Form
2–3 EL Semmelbrösel
zum Bestreuen

FÜR DEN BELAG
600 g Mirabellen
1–2 EL Zucker zum Bestreuen

AUSSERDEM
Tarteform mit 24 cm Ø

 40 MIN + 75–80 MIN
× 8 (1 TARTE)

♥ Für den Teig die Butter mit Mehl, Puderzucker, Salz und 50 ml kaltem Wasser verkneten. Den Teig zu einer Kugel formen und, in Frischhaltefolie gewickelt, für 30 Minuten kalt stellen.

♥ Für den Belag die Mirabellen waschen und trocknen, halbieren und den Stein entfernen.

♥ Den Backofen auf 200 °C vorheizen, die Tarteform mit etwas Butter fetten und mit dem Zucker bestreuen. Auf der bemehlten Arbeitsfläche den Teig rund und etwas größer als die Form ausrollen. Mithilfe der Teigrolle in die Form geben, Boden und Rand leicht andrücken und den Teigboden mehrmals mit einer Gabel einstechen. Mit den Semmelbröseln bestreuen.

♥ Ein Stück Backpapier in der Größe der Form zurechtschneiden, auf den Teigboden legen und mit getrockneten Hülsenfrüchten beschweren. Die Tarte im vorgeheizten Ofen auf der mittleren Schiene 10 Minuten blindbacken. Kurz herausnehmen, Hülsenfrüchte entfernen, die Mirabellen mit der Schnittfläche nach unten gleichmäßig auf dem Teig verteilen und mit dem Zucker bestreuen. Die Tarte weitere 35–40 Minuten backen. Herausnehmen und abkühlen lassen.

TIPP

Entsteht beim Backen zu viel Flüssigkeit auf der Tarte-Oberfläche, tupft man diese vorsichtig mit Küchenpapier ab.

FÜR DEN TEIG

80 g Butter
2–3 EL Semmelbrösel für die Form
3 Eier
150 g Zucker
100 g Weizenmehl
75 g Vollkornweizenmehl
2 TL Backpulver
½–1 TL gemahlener Zimt
2 kleine Bergpfirsiche (Bio-Qualität)

AUSSERDEM

Kastenform mit 30 cm Länge

🕐 20 MIN + 50–55 MIN
🧁 × 10–12 (1 KUCHEN)

PFIRSICHKUCHEN
MIT ZIMT

♥ Den Backofen auf 175 °C vorheizen. Die Butter in einer kleinen Pfanne schmelzen und kurz abkühlen lassen. Die Kastenform mit etwas flüssiger Butter fetten und mit den Semmelbröseln bestreuen; die restliche Butter beiseitestellen.

♥ In einer Rührschüssel die Eier schaumig schlagen, dabei den Zucker einrieseln lassen. In einer weiteren Schüssel Weizenmehl, Vollkornweizenmehl, Backpulver und Zimt mischen und abwechselnd mit der flüssigen Butter sowie 130–140 ml heißem Wasser zur Eimasse geben. Alles zu einem gleichmäßigen Teig verrühren. Den Teig in die Form geben.

♥ Die Pfirsiche waschen und trocknen, halbieren, entsteinen und ungeschält in kleine Stücke schneiden. Die Früchte auf dem Teig verteilen. Den Kuchen im vorgeheizten Ofen auf der untersten Schiene 50–55 Minuten backen. Anschließend herausnehmen und umgedreht auf eine Lage Backpapier setzen. Den Kuchen nach wenigen Minuten aus der Form lösen. Abkühlen lassen.

TIPP

Der Kuchen schmeckt auch mit herkömmlichen Pfirsichen oder Äpfeln. Servieren Sie Schlagsahne oder Eis dazu.

ROLLTORTE

MIT WALDERDBEEREN

FÜR DEN TEIG
3 Eier
120 g Zucker plus 2–3 EL
zum Bestreuen
75 g Mehl
50 g Kartoffelmehl
1 TL Backpulver

FÜR DIE FÜLLUNG
150–200 g frische Walderdbeeren
2 EL Zucker

 25 MIN + 8–10 MIN

× 15 (1 ROLLE)

♥ Zuerst die Füllung zubereiten. Dazu die Walderdbeeren vorsichtig waschen und abtropfen lassen. Mit einer Gabel zerdrücken und mit dem Zucker verrühren, dann kühl stellen.

♥ Den Backofen auf 200 °C vorheizen. Ein Backblech mit Backpapier belegen und die Ränder so hochschlagen, dass ein 30 x 40 cm großes Rechteck entsteht (oder eine entsprechend große Backform verwenden).

♥ Für den Teig in einer Rührschüssel die Eier und den Zucker 4–5 Minuten schaumig rühren. Mehl, Kartoffelmehl und Backpulver mischen, über die Eimasse sieben und vorsichtig unterheben. Den Teig auf das Backblech geben und glatt streichen. Den Kuchen im vorgeheizten Ofen auf der mittleren Schiene 8–10 Minuten backen.

♥ In der Zwischenzeit eine Lage Backpapier auf die Arbeitsfläche legen und mit dem Zucker (2–3 EL) bestreuen. Den fertig gebackenen Biskuit aus dem Ofen nehmen und auf das Backpapier stürzen. Das nun oben liegende Backpapier, mit dem zuvor das Blech ausgelegt wurde, mit etwas Wasser befeuchten, damit es sich leichter ablösen lässt, dann abziehen. Den Biskuit noch warm mit der Füllung bestreichen. Von der Längsseite her aufrollen und vollständig abkühlen lassen. Zum Servieren die Biskuitroulade in etwa 15 dicke Scheiben schneiden.

TIPP

Die frischen Walderdbeeren lassen sich gut durch 150–200 g Erdbeerkonfitüre (oder Konfitüre nach Wahl) ersetzen.

NUSSKUCHEN

MIT HIMBEER-MELONEN-SAHNE

♥ Den Backofen auf 180 °C vorheizen. Die Springform mit etwas Butter fetten und den Boden zusätzlich mit Backpapier belegen, da sich sonst der Kuchen nur schwer aus der Form lösen lässt. Die Seiten der Form mit etwas Mehl bestauben.

♥ Für den Teig die Eier mit dem Zucker schaumig rühren. Das Backpulver und die gemahlenen Nüsse dazugeben und untermischen. Den Teig in die Form geben und im vorgeheizten Ofen auf der mittleren Schiene etwa 40 Minuten backen (Garprobe siehe Tipp Seite 82).

♥ Inzwischen für die Himbeersahne die Sahne steif schlagen. Die Himbeeren waschen und vorsichtig trocken tupfen. Die Hälfte der Beeren mit der Gabel zerdrücken, den Rest beiseitestellen. 100 g Wassermelone in kleine Stücke schneiden und zusammen mit den zerdrückten Himbeeren behutsam unter die Schlagsahne heben. Die restliche Melone klein würfeln und zum Dekorieren beiseitestellen.

♥ Den fertig gebackenen Kuchen aus dem Ofen nehmen, aus der Form lösen und abkühlen lassen. Mit der Himbeerkonfitüre bestreichen. Die Himbeersahne gleichmäßig darauf verteilen und die Torte mit den beiseitegestellten Himbeeren und Melonenstückchen dekorieren. Nach Belieben mit dem Zucker bestreuen. Zuletzt die Zitronenmelisse waschen, trocken tupfen und die Torte damit dekorieren.

FÜR DEN TEIG

Butter und Mehl für die Form
3 Eier
180 g Zucker
1 TL Backpulver
150 g gemahlene Haselnusskerne

FÜR DIE HIMBEERSAHNE

200 g Sahne
300 g Himbeeren
150 g Wassermelone

AUSSERDEM

3–4 EL Himbeerkonfitüre
1–2 EL Zucker (nach Belieben)
4–5 Blätter Zitronenmelisse
zum Dekorieren

AUSSERDEM

Springform mit 20 cm Ø
(oder Kastenform)

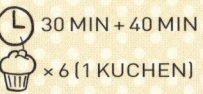
30 MIN + 40 MIN
× 6 (1 KUCHEN)

GUNNS PAJ

MIT STACHELBEEREN

FÜR DIE PAJ

500 g Stachelbeeren
100 g Butter
80 g Zucker
1–2 EL heller Sirup
120 g grobe Haferflocken

AUSSERDEM

flüssige süße Sahne (nach Belieben)
2 runde Auflaufformen à 12–13 cm Ø

🕐 15 MIN + 20–25 MIN

 × 6

♥ Den Backofen auf 200 °C vorheizen. Die Auflaufformen bereitstellen, sie müssen nicht gefettet werden.

♥ Die Stachelbeeren waschen, trocken tupfen und in die Formen geben. In einer Pfanne die Butter schmelzen. Den Zucker und den Sirup hinzufügen und alles gut verrühren. Zuletzt die Haferflocken dazugeben und untermischen. Die Mischung über die Früchte geben und die Paj im vorgeheizten Ofen auf der mittleren Schiene 20–25 Minuten backen, bis die Oberfläche eine goldbraune Farbe bekommt. Herausnehmen und lauwarm servieren. Nach Belieben flüssige Sahne dazureichen.

TIPP

Sie können die Paj statt in zwei kleinen Auflaufformen auch in einer Quicheform mit etwa 22 cm Ø backen.

TIRAMISU

MIT BLAUBEEREN

FÜR DAS TIRAMISU
100 g Puderzucker
4 Eigelb
500 g Mascarpone
40 ml Amaretto (Mandellikör)
3 Eiweiß
250 ml kalter, starker Espresso
Kakaopulver
1 Packung Löffelbiskuits (etwa 250 g)

AUSSERDEM
250 g Blaubeeren
rechteckige Auflaufform
(etwa 20 x 30 cm)

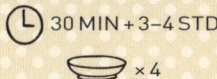 30 MIN + 3–4 STD

× 4

♥ In einer Rührschüssel den Puderzucker und das Eigelb hell und cremig aufschlagen. Den Mascarpone sowie die Hälfte des Amarettos hinzufügen und gut unterrühren. Das Eiweiß steif schlagen und vorsichtig unter die Mascarponemischung heben.

♥ Den Espresso, den restlichen Amaretto sowie 1 TL Kakaopulver in eine flache Schüssel geben und gut verrühren. Die Hälfte der Löffelbiskuits nacheinander kurz hineintunken und den Boden der Form damit auslegen. Die Hälfte der Mascarponecreme darauf verteilen und glatt streichen. Mit Kakaopulver dünn bestauben, dann eine weitere Schicht getränkte Löffelbiskuits darauflegen. Die restliche Mascarponecreme daraufgeben und glatt streichen. Das Tiramisu für 3–4 Stunden kühl stellen.

♥ Kurz vor dem Servieren die obere Schicht dick mit Kakaopulver bestauben. Das Tiramisu auf vier Gläser oder Dessertschalen verteilen und mit den Blaubeeren bestreuen.

GEMEINSAM AUF BÄUME
KLETTERN UND ÄPFEL ERNTEN —
EIN RIESEN SPASS

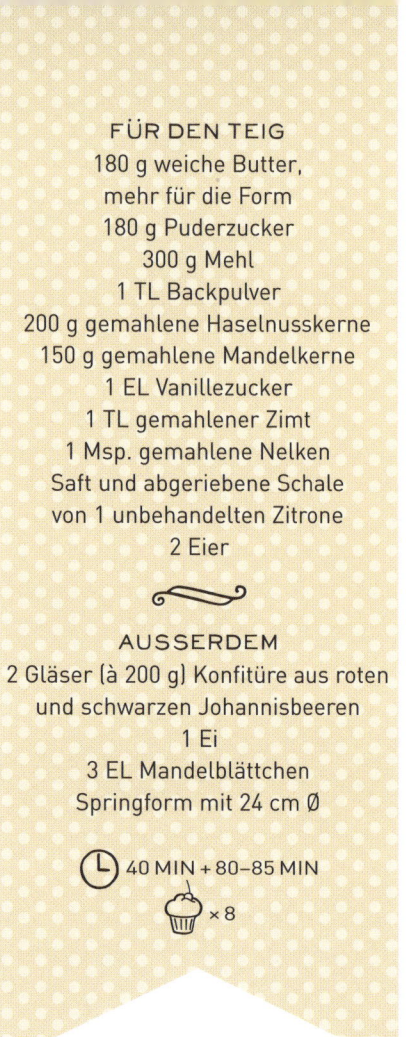

FÜR DEN TEIG

180 g weiche Butter,
mehr für die Form
180 g Puderzucker
300 g Mehl
1 TL Backpulver
200 g gemahlene Haselnusskerne
150 g gemahlene Mandelkerne
1 EL Vanillezucker
1 TL gemahlener Zimt
1 Msp. gemahlene Nelken
Saft und abgeriebene Schale
von 1 unbehandelten Zitrone
2 Eier

AUSSERDEM

2 Gläser (à 200 g) Konfitüre aus roten
und schwarzen Johannisbeeren
1 Ei
3 EL Mandelblättchen
Springform mit 24 cm Ø

🕐 40 MIN + 80–85 MIN

🧁 × 8

LINZER TORTE
MIT JOHANNISBEERKONFITÜRE

♥ Die Springform mit etwas Butter fetten. Für den Teig in einer Rührschüssel die Butter und den Puderzucker mit den Knethaken des Handrührgeräts verkneten. In einer weiteren Schüssel Mehl, Backpulver, Haselnusskerne, Mandeln, Vanillezucker, Zimt und Nelken mischen, dann zur Buttermasse geben und untermengen. Den Zitronensaft, die Zitronenschale sowie die Eier dazugeben und alles gut verkneten. Den Teig zu einer Kugel formen und, in Frischhaltefolie gewickelt, für etwa 30 Minuten kalt stellen.

♥ Den Backofen auf 200 °C vorheizen. Vom gekühlten Teig ein Sechstel beiseitestellen, den restlichen Teig als Boden in die Form drücken. Vom zurückbehaltenen Teig ein Stück abnehmen, zu einer Rolle formen und als Rand um den Teigboden legen. Die Konfitüre großzügig auf dem Teig verteilen. Aus dem restlichen Teig dünne Rollen formen und nach Belieben als Kringel oder Gittermuster auf den Kuchen legen. Das Ei verquirlen und den Teigrand sowie die Kringel bzw. das Gitter damit bestreichen.

♥ Den Kuchen mit den Mandelblättchen bestreuen und im vorgeheizten Ofen auf der mittleren Schiene 5 Minuten backen. Anschließend die Temperatur auf 160 °C reduzieren und den Kuchen weitere 45–50 Minuten backen. Herausnehmen und in der Form abkühlen lassen.

TIPP

Servieren Sie die Torte mit einem
Klecks Schlagsahne.

STREUSELKUCHEN

MIT MANDARINEN NACH IRIS' ART

FÜR DEN TEIG
230 g weiche Butter
280 g Zucker
2 Pck. Vanillezucker
2 Eier
700 g Mehl
4 TL Backpulver

FÜR DEN BELAG
5 Dosen Mandarinen à 175 g
5 Becher Schmand à 200 g
150 g Zucker
2 Pck. Vanillepuddingpulver

🕐 30 MIN + 60 MIN
🧁 × 18–20 (1 KUCHEN)

♥ Den Backofen auf 175 °C Umluft vorheizen. Ein Backblech mit Backpapier belegen. Die Mandarinen in einem Sieb gut abtropfen lassen.

♥ Für den Teig in einer Rührschüssel die Butter mit dem Zucker und dem Vanillezucker schaumig rühren. Die Eier nach und nach dazugeben und unterrühren. Das Mehl mit dem Backpulver mischen, hinzufügen und unterheben. Den Teig in zwei Portionen teilen. Eine Portion auf das Backblech geben und mithilfe einer Teigrolle oder eines Glases gleichmäßig verteilen.

♥ Für den Belag in einer Schüssel den Schmand, den Zucker und das Puddingpulver gut verrühren. Die abgetropften Mandarinen dazugeben und die Masse kurz mit dem Pürierstab durchmixen. Die Creme auf den Teigboden geben und glatt streichen. Den restlichen Teig als Streusel darauf verteilen.

♥ Den Kuchen im vorgeheizten Ofen auf der mittleren Schiene 1 Stunde backen, dann herausnehmen und auf dem Blech abkühlen lassen. Zum Servieren in 18–20 Stücke schneiden.

FÜR DEN TEIG
190 g Mehl, mehr zum Verarbeiten
100 g kalte Butter, mehr für die Form
30 g Zucker
1 Ei

FÜR DEN BELAG
3 Aprikosen
400 g Rote Johannisbeeren
30 g Mandelblättchen
3 EL heller Sirup
3 EL süße Sahne
150 g Marzipanrohmasse

AUSSERDEM
Tarteform mit 24–26 cm Ø

🕐 35 MIN + 70–75 MIN

🧁 × 8–10 (TARTE)

TARTE
MIT JOHANNISBEEREN

♥ Alle Zutaten für den Teig zügig zu einem glatten Mürbeteig verkneten. Bei Bedarf 1–2 EL kaltes Wasser hinzufügen. Den Teig zu einer Kugel formen und, in Frischhaltefolie gewickelt, für 40 Minuten kalt stellen.

♥ In der Zwischenzeit den Belag vorbereiten: Die Früchte waschen und trocken tupfen. Die Aprikosen halbieren und entsteinen. Die Johannisbeeren von den Rispen zupfen. Die Mandelblättchen in einer beschichteten Pfanne ohne Fett rösten. Wenn sie zu duften beginnen, den Sirup und die Sahne dazugeben und unterrühren, dann die Pfanne vom Herd nehmen. Das Marzipan grob reiben und beiseitestellen.

♥ Den Backofen auf 200 °C vorheizen. Die Tarteform mit etwas Butter fetten. Den Teig auf der bemehlten Arbeitsfläche rund 3–4 cm größer als die Form ausrollen und mithilfe der Teigrolle in die Form geben. Die Marzipanraspel auf dem Teig verteilen. Die Früchte daraufgeben, die Mandelmischung darüber verteilen. Die Tarte im vorgeheizten Ofen auf der mittleren Schiene 30–35 Minuten backen. Herausnehmen und nach Belieben lauwarm oder abgekühlt servieren.

TIPP

Eis passt hervorragend zu dieser Tarte.

FÜR DAS BAISER
4 Eiweiß
220 g Zucker
20 g Reispops

❧

FÜR DIE FÜLLUNG
300 g süße Sahne
500 g Erdbeeren

❧

ZUM DEKORIEREN
3–4 Preiselbeerstängel mit Früchten
und Blättern (oder einige Blättchen
Zitronenmelisse)

🕐 30 MIN + 150–160 MIN

🥣 × 6–8

PAVLOVA
MIT ERDBEEREN

♥ Den Backofen auf 125 °C vorheizen. Auf eine Lage Backpapier einen Kreis mit 21 cm Ø zeichnen, dann das Papier auf ein Backblech legen.

♥ Für das Baiser das Eiweiß steif schlagen, dabei unter ständigem Schlagen den Zucker einrieseln lassen. Die Reispops unterheben. Den Eischnee in Form eines Körbchens – höherer Rand und eine Mulde in der Mitte – auf den Backpapierkreis häufen. Das Baiser im vorgeheizten Ofen auf der mittleren Schiene 90–100 Minuten backen, dann den Backofen ausschalten und das Baiser für 1 weitere Stunde im Ofen trocknen lassen.

♥ Für die Füllung die Sahne steif schlagen. Die Erdbeeren waschen, trocken tupfen und entkelchen, dann halbieren oder in Scheiben schneiden. Die Sahne in das Baiserkörbchen geben, die Erdbeeren darauf anrichten. Mit den Preiselbeerstängeln (oder Zitronenmelisseblättchen) dekorieren.

SCHNITTCHEN

MIT HIMBEEREN

FÜR DEN TEIG
200 g weiche Butter
120 g Zucker
2 Eier
350 g Mehl
3 EL gemahlene Mandelkerne
½ TL Hirschhornsalz

FÜR DIE FÜLLUNG
4 EL Himbeer- oder Erdbeerkonfitüre

ZUM DEKORIEREN
100 g Puderzucker
3–4 EL Mandelblättchen

35 MIN + 30–34 MIN
× 55–60

♥ Den Backofen auf 200 °C vorheizen. Zwei Backbleche mit Backpapier belegen.

♥ Für den Teig die Butter mit dem Zucker schaumig rühren. Die Eier nacheinander hinzufügen und alles zu einem glatten Teig verrühren. Das Mehl mit den gemahlenen Mandeln und dem Hirschhornsalz mischen, zur Buttermasse geben und gut unterarbeiten.

♥ Den Teig in vier Portionen teilen. Jede Portion zu einem etwa 40 cm langen und 5–6 cm breiten Streifen ausrollen. Mithilfe eines Löffels über die gesamte Länge der Streifen den Teig in der Mitte 2–3 mm tief eindrücken. Die Vertiefung mit der Konfitüre füllen. Je zwei Streifen auf ein Blech legen und im vorgeheizten Ofen auf der mittleren Schiene nacheinander 15–17 Minuten backen, dann herausnehmen.

♥ Den Puderzucker mit wenig Wasser glatt rühren und die Glasur auf dem Konfitürestreifen des noch warmen Gebäcks verteilen. Mit den Mandelblättchen bestreuen. Das Gebäck schräg in 2–3 cm breite Stücke schneiden.

FÜR DEN TEIG

Butter für das Blech
4 Eier
200 g Zucker
2 Pck. Vanillezucker
250 g Mehl
½ Pck. Backpulver

FÜR DEN BELAG

2 große Dosen Aprikosen (à 800 g)

FÜR DIE STREUSEL

400 g Mehl
200 g Zucker
1 Prise Salz
250 g kalte Butter

AUSSERDEM

200 g süße Sahne

🕐 25 MIN + 35 MIN

🧁 × 16

STREUSELKUCHEN
À LA CAFÉ KAFFEETIED

♥ Den Backofen auf 175 °C vorheizen. Ein Backblech mit etwas Butter fetten.

♥ Für den Teig in einer Rührschüssel die Eier mit dem Zucker und dem Vanillezucker schaumig rühren. Das Mehl mit dem Backpulver mischen, dazugeben und gut untermengen. Den Teig auf das Backblech geben und glatt streichen.

♥ Für den Belag die Aprikosen abtropfen lassen und mit der Schnittfläche nach unten auf dem Teig verteilen.

♥ Für die Streusel alle Zutaten gut verkneten. Die Streusel auf dem Kuchen verteilen. Im vorgeheizten Ofen auf der mittleren Schiene 35 Minuten backen. Herausnehmen und sofort die flüssige Sahne auf dem Kuchen verteilen. Abkühlen lassen.

GRÜTZE

MIT SOMMERFRÜCHTEN

♥ Die Aprikosen und die Pfirsiche waschen und trocknen, entsteinen und in kleine Stücke schneiden. Aus der Melone mit einem Melonenausstecher kleine Kugeln ausstechen.

♥ In einem Topf die beiden Säfte zum Kochen bringen. Die Stärke mit wenig Wasser glatt rühren. Den Topf vom Herd nehmen und die Stärke einrühren. Die Früchte dazugeben und 3–4 Minuten in der Saftmischung ziehen lassen, dann alles noch einmal kurz aufkochen lassen.

♥ Die Grütze in die Gläser füllen, mit der Zitronenmelisse dekorieren und nach Belieben lauwarm oder kalt servieren.

FÜR DIE GRÜTZE
3 Aprikosen
3 flache Pfirsiche
500 g Honigmelone
100 ml frisch gepresster Orangensaft
200 ml ACE-Saft
2–3 EL Stärke

ZUM DEKORIEREN
Zitronenmelisse

🕐 20 MIN
🥣 × 4

TIPP

Dazu schmeckt Aprikosenjoghurt oder flüssige Sahne.

SCHNEEGESTÖBER

NACH ANJAS ART

FÜR DAS DESSERT

650 g tiefgekühlte Himbeeren
30–40 g weiße Schokolade
400 g süße Sahne
100 g Baisers

 15 MIN

× 4–6

♥ Die Himbeeren etwas antauen lassen. Die weiße Schokolade mit einem scharfen Messer fein hacken. Die Sahne steif schlagen. Die Baisers in einem Gefrierbeutel mit der Teigrolle grob zerkleinern, dann auf 4–6 Gläser verteilen. Die angetauten Himbeeren und die Schlagsahne darauf verteilen. Zum Schluss die weiße Schokolade darüberstreuen.

TIPP

Genießen Sie das Dessert pur oder zu frisch gebackenen Waffeln.

FÜR DEN TEIG

100 g Butter
3 kleine Eier
130 g Rohrzucker
220 g Mehl
2 TL Backpulver
2 Msp. gemahlener Kardamom
80 ml Milch

FÜR DIE FÜLLUNG

1 säuerlicher Apfel
1 EL Butter
1 EL Rohrzucker
2–3 Msp. gemahlener Kardamom

AUSSERDEM

1 Muffinblech mit Platz für
12 Muffins plus Papierförmchen

25 MIN + 25–30 MIN
× 12

APFELMUFFINS
MIT ROHRZUCKER UND KARDAMOM

♥ Den Backofen auf 175 °C vorheizen. Für den Teig die Butter schmelzen. Die Eier mit dem Rohrzucker schaumig rühren. Die flüssige Butter hinzufügen und unterrühren. Mehl, Backpulver und Kardamom mischen und abwechselnd mit der Milch zur Eimasse geben und einarbeiten. Das Muffinblech mit den Papierförmchen bestücken und den Teig hineingeben, sodass sie zu zwei Dritteln gefüllt sind.

♥ Für die Füllung den Apfel waschen und trocknen, entkernen und in kleine Stücke oder Stifte schneiden. In einer Pfanne die Butter schmelzen. Die Apfelstücke, den Rohrzucker und den Kardamom dazugeben und 4–6 Minuten anschwitzen. Die Apfelstückchen auf dem Teig verteilen.

♥ Die Muffins im vorgeheizten Ofen auf der mittleren Schiene 25–30 Minuten backen, bis sie schön aufgegangen und leicht gebräunt sind. Herausnehmen und abkühlen lassen.

APFELMUS

MIT KARAMELLISIERTEN NÜSSEN

♥ Für das Apfelmus die Äpfel schälen, vierteln und entkernen. Die Apfelstücke in einen großen Topf geben und 350–400 ml Wasser, den Zitronensaft, die Zitronenschale, den Sirup und den Vanillezucker hinzufügen. Bei geringer Temperatur köcheln lassen, bis die Äpfel zerfallen. Vom Herd nehmen und nach Belieben lauwarm oder vollständig abkühlen lassen.

♥ In der Zwischenzeit die Sonnenblumenkerne und die Haselnüsse in eine beschichtete Pfanne geben und zunächst ohne Fett rösten. Wenn die Nussmischung eine goldgelbe Färbung bekommen hat, die Butter und den Zucker dazugeben. Rühren, bis die Butter geschmolzen ist und sich der Zucker gelöst hat.

♥ Zum Servieren das Apfelmus in Schälchen füllen, den Vanillejoghurt darauf verteilen und mit der Nussmischung bestreuen. Die Himbeerkonfitüre in kleinen Klecksen auf das Dessert geben.

FÜR DAS APFELMUS
1,6 kg säuerliche Äpfel
Saft und Schale von ½ unbehandelten Zitrone
2–3 EL heller Sirup
2 TL Vanillezucker

FÜR DIE NUSSMISCHUNG
3–4 EL Sonnenblumenkerne
3–4 EL Haselnusskerne
1 TL Butter
1–2 EL Zucker

AUSSERDEM
150 g Vanillejoghurt
1–2 EL Himbeerkonfitüre

🕐 35 MIN
🥣 × 6–8

ZITRONENKUCHEN

NACH OMA HEDWIGS ART

FÜR DEN TEIG
Butter und Paniermehl für die Form
300 g weiche Butter
300 g Zucker
abgeriebene Schale von
3 unbehandelten Zitronen
4 Eier
300 g Mehl
¾ Pck. Backpulver

FÜR DIE TRÄNKE
Saft von 3 Zitronen
2–3 TL Zucker

ZUM DEKORIEREN
Puderzucker

AUSSERDEM
Gugelhupfform mit 24–26 cm Ø

🕐 30 MIN + 70–80 MIN
🧁 × 16–18

♥ Den Backofen auf 170 °C vorheizen. Die Gugelhupfform mit etwas Butter fetten und mit Paniermehl ausstreuen.

♥ Für den Teig in einer Rührschüssel die Butter, den Zucker, die Zitronenschale und die Eier 4 Minuten verrühren. Das Mehl mit dem Backpulver mischen und hinzufügen. Weitere 4 Minuten rühren. Den Teig in die Form füllen und den Kuchen im vorgeheizten Ofen auf der mittleren Schiene 70–80 Minuten backen (Garprobe siehe Tipp Seite 82). Herausnehmen und kurz abkühlen lassen, dann aus der Form lösen.

♥ Für die Tränke den Zitronensaft mit dem Zucker verrühren. Mit einem Schaschlikspieß in die Oberfläche und die Seite des noch warmen Kuchens insgesamt 50–60 kleine Löcher stechen. Mithilfe eines kleinen Löffels die Zitronentränke in die Löcher füllen, dabei den Kuchen vorsichtig kippen, um auch die Löcher am Rand beträufeln zu können. Den Kuchen vollständig abkühlen lassen. Mit Puderzucker bestaubt servieren.

BLAUBEER-TORTE

À LA CAFÉ KAFFEETIED

♥ Den Backofen auf 175 °C vorheizen. Die Springform fetten, zusätzlich den Boden der Springform mit Backpapier belegen.

♥ Für den Mürbeteigboden alle Zutaten zu einem glatten Teig verkneten. Als Boden in die Form drücken und auf der mittleren Schiene 20 Minuten backen. Herausnehmen, aus der Form lösen und abkühlen lassen. Die Springform säubern.

♥ Für den Biskuit die Eier 10 Minuten schaumig schlagen, dabei den Zucker und das Salz einrieseln lassen. Mehl, Speisestärke und Backpulver mischen, über die Eimasse sieben und unterheben. Die Springform mit Backpapier auslegen, den Teig einfüllen. Die Backofentemperatur auf 180 °C erhöhen und den Biskuit 20–25 Minuten backen (Garprobe siehe Tipp Seite 82). Herausnehmen, aus der Form lösen und abkühlen lassen.

♥ Für die Creme die Gelatine in kaltem Wasser einweichen. Den Quark mit Zitronensaft, Zucker und Vanillezucker verrühren. Die Gelatine ausdrücken und bei niedriger Temperatur auflösen. Etwa 3 EL Quarkcreme einrühren, dann die Mischung unter die restliche Creme rühren. Die Sahne steif schlagen und zusammen mit den Blaubeeren unter die Quarkcreme heben.

♥ Den Mürbeteigboden auf eine Tortenplatte legen und mit der Blaubeerkonfitüre bestreichen. Den Biskuitboden auflegen. Mit einem Tortenring umschließen. Die Creme auf dem Biskuitboden verstreichen und mit den Blaubeeren dekorieren. Die Torte für mindestens 4 Stunden kühl stellen, dann den Tortenring wieder abnehmen.

FÜR DEN MÜRBETEIGBODEN

100 g kalte Butter, mehr für die Form
150 g Mehl
1 Prise Salz
50 g Zucker
1 Pck. Vanillezucker

FÜR DEN BISKUIT

3 Eier
80 g Zucker
1 Prise Salz
50 g Mehl
50 g Speisestärke
1 TL Backpulver

FÜR DIE CREME

6 Blatt Gelatine
500 g Quark
Saft von 1 Zitrone
100 g Zucker
1 Pck. Vanillezucker
400 g süße Sahne
400 g Blaubeeren

AUSSERDEM

200 g Blaubeerkonfitüre
100 g Blaubeeren zum Dekorieren
Springform mit 26–28 cm Ø

🕐 50 MIN + 40–45 MIN + 4 STD

🧁 × 12 (1 TORTE)

APFELKUCHEN
NACH LARAS ART

FÜR DEN TEIG
3 Eier
150 g Zucker
20 g Vanillezucker
75 g Butter, mehr für die Form
75 ml Milch
200 g Mehl, mehr für die Form
1 TL Backpulver

FÜR DEN BELAG
3 kleine bis mittelgroße
säuerliche Äpfel
10 g Vanillezucker

AUSSERDEM
Springform mit 26 cm Ø

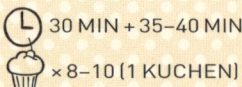
30 MIN + 35–40 MIN
× 8–10 (1 KUCHEN)

♥ Den Backofen auf 200 °C vorheizen. Die Springform mit etwas Butter fetten und mit Mehl bestauben.

♥ Für den Teig in einer Rührschüssel die Eier, den Zucker und den Vanillezucker schaumig rühren. In einem kleinen Topf die Butter und die Milch erhitzen und kurz aufkochen lassen. Vom Herd nehmen und etwas abkühlen lassen, aber noch warm zu der Eier-Zucker-Masse geben und unterrühren. Mehl und Backpulver mischen, hinzufügen und unterheben. Den Teig in die Springform füllen.

♥ Für den Belag die Äpfel waschen und trocknen, vierteln, entkernen und in dünne Spalten schneiden. Die Spalten aufrecht mit der Schalenseite nach oben ringförmig (ein äußerer und ein innerer Ring) in den Teig drücken. Den Kuchen im vorgeheizten Ofen auf der mittleren Schiene 20 Minuten backen. Kurz herausnehmen, mit dem Vanillezucker bestreuen und weitere 15–20 Minuten backen. Noch warm servieren.

IM HERBST DURCH DAS LAUB
RASCHELN UND IM WALD DIE LETZTEN
SONNENSTRAHLEN NUTZEN —
UND DANACH EIN SAFTIGER KUCHEN

CANNELÉS

MIT HIMBEEREN

FÜR DEN TEIG
500 ml Milch
40 g Butter
1 Vanilleschote
100 g Mehl
1 Prise Salz
225 g Zucker
2 Eier
2 Eigelb
2 EL Rum

ZUM DEKORIEREN
einige Himbeeren
Lavendelblüten

AUSSERDEM
22–24 Silikonförmchen à 70 ml

30 MIN + RUHEZEIT ÜBER NACHT + 60 MIN
× 22–24

♥ Für den Teig die Milch und die Butter in einen Topf geben. Die Vanilleschote längs aufschneiden, das Mark herausschaben und mitsamt der Schote zur Milch geben. Die Milchmischung zum Kochen bringen, einmal kurz aufkochen lassen, dann vom Herd nehmen.

♥ In einer Schüssel das Mehl, das Salz und den Zucker mischen. In einer weiteren Schüssel die Eier, das Eigelb und den Rum verquirlen, dann zur Mehlmischung geben und unterrühren. Die Vanilleschote aus der Milch nehmen und beiseitelegen. Die noch warme Vanillemilch zur Mehl-Ei-Mischung geben und alles zu einem glatten Teig verarbeiten. Die Vanilleschote wieder zum Teig geben, diesen zugedeckt über Nacht kalt stellen.

♥ Am nächsten Tag den Backofen auf 250 °C vorheizen. Die Vanilleschote entfernen und den Teig in die Förmchen geben, sodass sie zu drei Viertel gefüllt sind. Im vorgeheizten Ofen auf der mittleren Schiene 10 Minuten backen, dann die Temperatur auf 180 °C reduzieren und die Cannelés weitere 50 Minuten backen. Herausnehmen, abkühlen lassen und aus den Förmchen lösen. Mit den Himbeeren und Lavendelblüten dekorieren.

BIRNENKUCHEN
MIT MASCARPONE

FÜR DEN TEIG
110 g weiche Butter,
mehr für die Form
200 g Zucker
2 Eier
160 g Mascarpone
Saft und abgeriebene Schale von
1 unbehandelten Zitrone
220 g Mehl, mehr für die Form
2 TL Backpulver
2–3 EL Milch
200 g Birnen aus der Dose, abgetropft

FÜR DEN GUSS
100 g Puderzucker
1 EL Zitronensaft

AUSSERDEM
Gugelhupfform mit 18–20 cm Ø

🕐 25 MIN + 50–60 MIN
🧁 × 6–8

♥ Den Backofen auf 180 °C Umluft vorheizen. Die Gugelhupfform mit etwas Butter fetten und mit Mehl bestauben.

♥ Für den Teig in einer Rührschüssel die Butter und den Zucker schaumig rühren. Die Eier nacheinander dazugeben und unterrühren. Mascarpone, Zitronensaft und -schale hinzufügen und untermengen. Das Mehl mit dem Backpulver mischen und zusammen mit der Milch zur Buttermasse geben. Alles zu einem glatten Teig verrühren. Die Birnen in kleine Stücke schneiden und unter den Teig heben.

♥ Den Teig in die Gugelhupfform füllen und im vorgeheizten Ofen auf der mittleren Schiene 50–60 Minuten backen (Garprobe siehe Tipp Seite 82). Den Kuchen herausnehmen, aus der Form lösen und abkühlen lassen.

♥ Für den Guss den Puderzucker mit dem Zitronensaft und 2–3 EL Wasser verrühren. Den Kuchen damit bestreichen oder den Guss einfach nur über den Kuchen laufen lassen.

FÜR DAS DESSERT

1 kleine Schale Blaubeeren
1 kleine Schale Erdbeeren
3–4 große Schokoladenkekse
200 g süße Sahne
1 Becher (200 g) Vanille-Softpudding

ZUM DEKORIEREN

4 Himbeeren oder Kirschen
2–3 EL gehackte Pistazien

🕐 15 MIN
🥣 × 4 GLÄSER

FRÜCHTE

MIT VANILLECREME AUF SCHOKOKEKS

♥ Die Blaubeeren waschen und trocken tupfen; die Erdbeeren in kleine Stücke schneiden. Die Kekse in einen Gefrierbeutel geben und mithilfe einer Teigrolle zerkrümeln. Die Sahne steif schlagen, den Pudding dazugeben und zu einer glatten Creme verrühren.

♥ Die Hälfte der Kekskrümel auf die Gläser verteilen. 2–3 EL der Vanillecreme auf die Kekskrümel geben. Die restlichen Kekskrümel darauf verteilen. Die übrige Creme sowie die Beeren abwechselnd darauf schichten, dabei mit einer Cremeschicht abschließen. Diese mit den Himbeeren oder Kirschen und den Pistazien dekorieren.

QUITTENKOMPOTT

MIT APFELCIDRE

FÜR DAS KOMPOTT
700 g Quitten
Saft von 1 Zitrone
300 ml Apfelcidre
3 EL heller Sirup
2 EL Zucker
1 TL Vanillezucker
2–3 kleine Äpfel
gemahlener Zimt

AUSSERDEM
200 g süße Sahne
125 ml Vanillesauce

 30 MIN + 20–25 MIN

 × 4

♥ Die Quitten mit einem Küchentuch gründlich abreiben, dann vierteln und in Spalten schneiden. Die Kerne entfernen und die Quittenspalten in eine Schüssel geben. Sofort mit dem Zitronensaft beträufeln.

♥ In einem Topf den Apfelcidre, den Sirup, den Zucker und den Vanillezucker zum Köcheln bringen, dabei umrühren, bis sich der Zucker gelöst hat. Die Quitten dazugeben und zugedeckt unter gelegentlichem Rühren in 20–25 Minuten weich dünsten.

♥ Inzwischen die Äpfel waschen, trocknen und entkernen. In kleine Stücke schneiden. Kurz vor Ende der Garzeit die Äpfel zu den Quitten in den Topf geben und wenige Minuten mitdünsten lassen. Mit Zimt abschmecken. Das Kompott abkühlen lassen, dann auf vier Dessertschalen verteilen.

♥ Die Sahne steif schlagen und die Vanillesauce unterrühren. Zum Kompott servieren.

FÜR DEN TEIG

100 g weiche Butter,
mehr für die Formen
150 g Zucker
2 EL heller Sirup
½ Pck. Vanillezucker
2 Eier
3 reife Bananen (etwa 220 g)
300 g Mehl
2 TL Backpulver
1 Prise Salz
100 g Walnusskerne

FÜR DIE GLASUR

100 g dunkle Schokolade
2 EL süße Sahne
1 EL Butter

AUSSERDEM

2 große Formen für Muffins
à 16 cm Ø (oder 1 Kastenform)

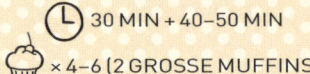

30 MIN + 40–50 MIN

× 4–6 (2 GROSSE MUFFINS)

RÜHRKUCHEN

MIT WALNUSS UND BANANEN

♥ Den Backofen auf 175 °C vorheizen. Die Backformen mit etwas Butter fetten.

♥ Für den Teig in einer Rührschüssel die Butter mit dem Zucker schaumig rühren. Sirup, Vanillezucker und Eier dazugeben und alles zu einem glatten Teig verarbeiten. Die Bananen schälen und mit einer Gabel zerdrücken. Das Bananenmus kurz unter die Eimasse rühren. Mehl, Backpulver und Salz mischen, zur Bananen-Ei-Masse geben und ebenfalls kurz untermengen. Die Walnüsse hacken, 2–3 EL beiseitestellen, den Rest zum Teig geben und unterheben. Den Teig 10 Minuten ruhen lassen, dann auf die beiden Backformen verteilen.

♥ Die Kuchen im vorgeheizten Ofen auf der mittleren Schiene 40–50 Minuten backen (Garprobe siehe Tipp Seite 82). Herausnehmen, aus der Form lösen und abkühlen lassen.

♥ Für die Glasur die Schokolade grob hacken und zusammen mit der Sahne und Butter in einen Topf geben. Bei niedriger Temperatur vorsichtig schmelzen, die Masse darf nicht anbrennen. Die Oberfläche der Kuchen mit der Schokoladenglasur überziehen und mit den beiseitegestellten Walnüssen bestreuen.

KÜRBISKUCHEN

MIT APFEL UND MANDEL

FÜR DEN TEIG
Butter und Mehl für die Form
220 g Kürbis, geschält und entkernt
1 kleiner säuerlicher Apfel
(etwa 80 g), geschält und entkernt
2–3 EL Zitronensaft
3 Eier
170 g Zucker
125 g Mehl
1 ½ TL Backpulver
150 g gemahlene Mandelkerne
2 EL heller Sirup
½–1 TL gemahlener Zimt

AUSSERDEM
Puderzucker
Schlagsahne
Springform mit 24 cm Ø

30 MIN + 55–60 MIN
× 8 (1 KUCHEN)

♥ Den Backofen auf 175 °C vorheizen. Die Springform mit etwas Butter fetten, den Boden mit Backpapier belegen, den Rand der Form mit Mehl bestauben.

♥ Für den Teig den Kürbis fein raspeln. Den Apfel grob reiben und sofort mit dem Zitronensaft beträufeln. In einer Rührschüssel die Eier und den Zucker schaumig rühren. Mehl, Backpulver und Mandeln mischen, zur Eimasse hinzufügen und unterheben. Die Kürbis- und Apfelraspel zusammen mit dem Sirup und dem Zimt dazugeben und alles gut vermengen.

♥ Den Teig in die Springform geben und im vorgeheizten Ofen auf der mittleren Schiene 55–60 Minuten backen (Garprobe siehe Tipp Seite 82). Den Kuchen herausnehmen, aus der Form lösen und abkühlen lassen. Mit Puderzucker bestauben und Schlagsahne dazu servieren.

FÜR DIE BRATÄPFEL
4 Äpfel
175 g Frischkäse
1 Ei
2 Pck. Vanillezucker
2 TL Zitronensaft

AUSSERDEM
3–4 EL Sonnenblumenkerne
3–4 EL gehackte Mandelkerne
kleine runde Auflaufform

🕐 20 MIN + 20–25 MIN

 × 4

BRATÄPFEL

MIT CHEESECAKE

♥ Den Backofen auf 200 °C vorheizen. Für die Bratäpfel die Äpfel waschen und trocknen und den Stielansatz mit einem spitzen Messer großzügig herausschneiden (nach Belieben zur Dekoration beiseitelegen). Die Äpfel aushöhlen, dabei das Kerngehäuse vollständig entfernen.

♥ In einer Schüssel den Frischkäse mit dem Ei, dem Vanillezucker und dem Zitronensaft verrühren. Die Masse in die Äpfel füllen. (Nach Belieben den Stielansatz wieder aufsetzen.)

♥ Die Äpfel in die Auflaufform setzen und im vorgeheizten Ofen auf der mittleren Schiene 20–25 Minuten backen, bis sie weich sind (zur Garprobe mit der Messerspitze einstechen).

♥ In der Zwischenzeit die Sonnenblumenkerne und die Mandeln in einer beschichteten Pfanne ohne Fett goldbraun rösten. Die Äpfel aus dem Backofen nehmen und mit der Nussmischung bestreuen.

TIPP

Nach dem Backen ist die Creme noch weich. Wer sie lieber fester mag, stellt die Äpfel vor dem Servieren ein paar Minuten kühl.

LIEBESÄPFEL

MIT KARAMELLGLASUR

FÜR DIE ÄPFEL
8 säuerliche Äpfel
200 g süße Sahne
200 ml heller Sirup
180 g Zucker
100 g gehackte Mandelkerne

🕐 35–45 MIN

 ×8

❤ Die Äpfel waschen, trocknen und auf Holzspieße (oder saubere Zweige) stecken.

❤ In einem dickwandigen Topf die Sahne, den Sirup und den Zucker ohne Deckel zum Kochen bringen, dabei immer wieder umrühren. Die Masse 20–30 Minuten köcheln lassen, dann mithilfe eines Teelöffels einige Tropfen der Masse in ein Glas mit kaltem Wasser fallen lassen. Wenn die Masse sich im Wasser auflöst, noch etwas weiterkochen; lässt sich jedoch zwischen den Fingerspitzen eine Kugel aus der Masse formen, ist die Karamellglasur fertig.

❤ Die Äpfel in die heiße Glasur tauchen und anschließend mit den Mandeln bestreuen. Beim Eintauchen zügig vorgehen, da die Glasur schnell erstarrt (sollte die Karamellmasse zu rasch fest werden, kann man sie durch Zugabe von etwas Milch und erneutes Erhitzen wieder verflüssigen). Die Äpfel bis zum Servieren kühl stellen.

TIPP

Gießen Sie übrig gebliebenen Karamell in Mini-Muffinförmchen; er erstarrt dort zu kleinen Bonbons.

SÜSSE KLASSIKER

Ich liebe Kuchenklassiker! Einige sind einfach so gut, dass ich gar nichts daran verändert habe, wie zum Beispiel die Hefeschnecken meiner schwedischen Großmutter. Sie hatte das Rezept wiederum von Ihrer Mutter und so weiter. Bei einigen Rezepten habe ich aber auch Geschmack und Form etwas verändert, teilweise auch, um mit weniger Zucker oder Fett auszukommen. So kam hier meine Sammlung mit den besten Klassikern zusammen – vom Butterkuchen bis zum weltbesten Zitronenkuchen von Oma Hedwig. Aber auch moderne Klassiker wie Cheesecake mit frischen Früchten fehlen in dem Kapitel nicht. So findet hoffentlich jeder sein Lieblingsrezept und vielleicht auch die ein oder andere neue Idee, die in der eigenen Familie dann bald zum Klassiker werden kann.

FÜR DEN TEIG
100 g Margarine
250 ml Milch
1 Würfel frische Hefe (42 g)
etwa 800 g Mehl,
mehr zum Verarbeiten
2 TL Backpulver
100 g Zucker
½ TL Salz
1 EL gemahlener Kardamom

FÜR DIE FÜLLUNG
150 g Margarine
3 EL Zucker
2 EL gemahlener Kardamom

ZUM DEKORIEREN
1 Ei
Hagelzucker

AUSSERDEM
38–40 Papierförmchen

30 MIN + 60 MIN
× 38–40

TIPP

Die Hefeschnecken lassen sich gut
auf Vorrat zubereiten und einfrieren.

HEFESCHNECKEN

MIT KARDAMOM

♥ Für den Teig in einem Topf die Margarine schmelzen. Die Milch und 250 ml Wasser dazugeben und lauwarm (etwa 37 °C) erwärmen. Die Hefe in eine Schüssel bröckeln, die Milchmischung dazugießen und rühren, bis sich die Hefe aufgelöst hat. Das Mehl, das Backpulver, den Zucker, das Salz und den Kardamom hinzufügen. Den Teig gründlich durchkneten. Er sollte sich glatt und elastisch anfühlen und nicht am Schüsselrand kleben; bei Bedarf noch etwas Mehl dazugeben. Den Teig zugedeckt an einem warmen Ort etwa 30 Minuten gehen lassen, bis sich sein Volumen deutlich vergrößert hat.

♥ In der Zwischenzeit für die Füllung die Margarine mit dem Zucker und dem Kardamom verrühren. Den Backofen auf 225 °C vorheizen.

♥ Den Teig auf der bemehlten Arbeitsfläche gut durchkneten, dann in drei Portionen teilen. Jede Portion zu einem etwa 5 mm dicken Rechteck ausrollen. (Dabei sollte die lange Seite des Rechtecks etwa dreimal länger als die kurze Seite sein.) Die Rechtecke mit der Füllung dünn bestreichen, anschließend von der Längsseite her aufrollen. Die drei Rollen in knapp 3 cm dicke Scheiben schneiden. Die Nahtstellen andrücken, damit die Füllung beim Backen nicht ausläuft. Die Teigstücke in die Förmchen setzen und, mit einem Geschirrtuch bedeckt, weitere 20 Minuten gehen lassen.

♥ Das Ei verquirlen. Die Hefeschnecken damit bestreichen und mit Hagelzucker bestreuen. Im vorgeheizten Ofen auf der mittleren Schiene 8–10 Minuten backen. Herausnehmen und auf einem Kuchengitter abkühlen lassen.

BLECHKUCHEN
NACH STEFFIS ART

♥ Für den Teig die Butter schmelzen; mit einem Teil der Butter das Backblech dünn bestreichen. Die Milch lauwarm erwärmen. Das Mehl in eine Schüssel geben und eine Mulde hineindrücken. Den Zucker und den Vanillezucker dazugeben. Die Hefe zerbröckeln und ebenfalls in die Mulde geben. Erst 2–3 EL lauwarme Milch hinzufügen und so lange rühren, bis sich die Hefe vollkommen aufgelöst hat. Dann abwechselnd die flüssige Butter, die restliche Milch und das Salz dazugeben und mit den Knethaken des Handrührgeräts 5 Minuten kneten. Den Teig zugedeckt an einem warmen Ort 20 Minuten gehen lassen, bis sich sein Volumen deutlich vergrößert hat. Den Backofen auf 50 °C vorheizen.

♥ Den Teig mit den Händen nochmals gut durchkneten; wenn er an den Fingern kleben bleibt, noch etwas Mehl hinzufügen. Den Teig auf das gefettete Backblech geben, gleichmäßig verteilen und im vorgeheizten Ofen auf der mittleren Schiene 10–15 Minuten gehen lassen.

♥ Das Blech herausnehmen und die Backofentemperatur auf 210 °C erhöhen. Für den Belag die Butter in Flöckchen gleichmäßig auf dem Teig verteilen. Zucker und Vanillezucker mischen und über den Teig streuen. Weitere 15 Minuten backen. Herausnehmen und abkühlen lassen.

FÜR DEN TEIG
85 g Butter, mehr für das Backblech
200 ml Milch
etwa 375 g Mehl
50 g Zucker
1 Pck. Vanillezucker
1 Würfel frische Hefe (42 g)
1 Prise Salz

FÜR DEN BELAG
125 g Butter
75 g Zucker
1 Pck. Vanillezucker

🕐 20 MIN + 45 MIN
🧁 × 15–20 (1 KUCHEN)

TIPP

Für mehr Biss den Teig vor dem Backen mit grob gehackten Mandeln bestreuen.

FÜR DEN TEIG
Butter für die Form
1 Würfel frische Hefe (42 g)
2 EL Zucker
600 g Mehl, mehr zum Verarbeiten
1 TL Backpulver
1 Prise Salz
gemahlener Kardamom

FÜR DEN BELAG
50 g Butter
150 g Haselnusskerne, fein gehackt
4–5 EL gemahlene Haselnusskerne
½ TL gemahlener Zimt
2 EL Zucker

AUSSERDEM
Spring- oder Auflaufform
mit 24–26 cm Ø

🕐 30 MIN + 60 MIN
🧁 × 8–10 (1 KUCHEN)

HEFEKUCHEN
MIT NÜSSEN

♥ Die Backform mit etwas Butter fetten. Für den Teig die Hefe in eine Schüssel bröckeln, 100 ml lauwarmes Wasser hinzufügen und die Hefe unter Rühren darin auflösen. Die übrigen Zutaten sowie 180–200 ml Wasser dazugeben. Den Teig mit den Händen oder mit den Knethaken des Handrührgeräts gründlich durchkneten. Er sollte sich glatt und elastisch anfühlen und nicht am Schüsselrand kleben; bei Bedarf noch etwas Mehl hinzufügen. Den Teig zugedeckt an einem warmen Ort 30 Minuten gehen lassen, bis sich sein Volumen deutlich vergrößert hat.

♥ In der Zwischenzeit für den Belag die Butter schmelzen und kurz abkühlen lassen. Die gehackten sowie die gemahlenen Haselnüsse, den Zimt und den Zucker dazugeben und untermischen. Den Backofen auf 225 °C vorheizen.

♥ Den Teig auf der bemehlten Arbeitsfläche zu einem 5–7 mm dicken Rechteck (35 x 45 cm) ausrollen. Mit der Haselnusspaste bestreichen. Das Teigrechteck in etwa 7 cm breite Streifen schneiden, diese wie eine Ziehharmonika in Falten legen und dicht nebeneinander in die Backform setzen. Auf der mittleren Schiene 30–35 Minuten backen. Herausnehmen und abkühlen lassen.

TIPP

Damit der Backofen sauber bleibt, die Springform auf Alufolie oder Backpapier setzen, da eventuell Fett austreten kann.

MIT ETWAS SÜSSEM LÄSST SICH
WUNDERBAR DER TAG BESCHLIESSEN —
BEI SOLCH EINER KULISSE BLEIBEN
DA KEINE WÜNSCHE OFFEN

FÜR DEN TEIG
Butter für das Backblech
300 g Mehl
1 Pck. Backpulver
200 g Zucker
2 TL Vanillezucker
200 g Quark (20 % Fett)
3 Eier

FÜR DEN BELAG
120 g Butter
150 g Mandelblättchen
3–4 EL Milch
100 g Zucker

 15 MIN + 25 MIN

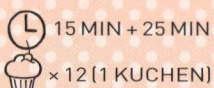 × 12 (1 KUCHEN)

BUTTERKUCHEN
NACH TANTE LENIS ART

♥ Den Backofen auf 180 °C vorheizen. Ein Backblech mit etwas Butter fetten.

♥ Für den Teig das Mehl mit dem Backpulver, dem Zucker und dem Vanillezucker vermischen. Quark und Eier hinzufügen und alles zu einem glatten Teig verarbeiten. Den Teig auf das Backblech geben und gleichmäßig verstreichen. Im vorgeheizten Ofen auf der mittleren Schiene 10–12 Minuten backen.

♥ In der Zwischenzeit für den Belag alle Zutaten in einen Topf geben und bei niedriger Temperatur unter Rühren erwärmen, bis die Butter geschmolzen ist.

♥ Den Kuchen aus dem Backofen nehmen und den Belag vorsichtig darauf verteilen. Weitere 12–15 Minuten backen, dann herausnehmen und abkühlen lassen.

KARDAMOM-
KUCHEN MIT MANDELN

FÜR DEN TEIG
200 g weiche Butter (oder Margarine), mehr für die Form
250 g Zucker
2 Eier
400 g Mehl, mehr für die Form
1 TL Backpulver
1 TL gemahlener Kardamom
300 ml Milch

ZUM DEKORIEREN
4 EL Hagelzucker
20 gehackte Mandelkerne

AUSSERDEM
Kranzform mit 22 cm Ø

⏱ 15 MIN + 40 MIN
🧁 × 6–7 (1 KUCHEN)

♥ Den Backofen auf 200 °C vorheizen. Die Kranzform mit etwas Butter fetten und mit Mehl bestauben.

♥ Für den Teig die Butter oder Margarine mit dem Zucker verrühren. Erst ein Ei hinzufügen und unterrühren, bis sich die Masse wieder bindet. Dann mit dem zweiten Ei ebenso verfahren. Mehl, Backpulver und Kardamom vermischen und abwechselnd mit der Milch unter die Buttermasse mengen.

♥ Den Teig in die Form füllen, mit dem Hagelzucker und den gehackten Mandeln bestreuen.

♥ Den Kuchen im vorgeheizten Ofen auf der mittleren Schiene 35–40 Minuten backen. Herausnehmen und kurz abkühlen lassen, dann aus der Form nehmen und vollständig abkühlen lassen.

FÜR DEN TEIG
175 g weiche Butter (oder Margarine), mehr für die Form
220 g Zucker
2 TL Vanillezucker
3 Eier
250 g Mehl, mehr für die Form
2 TL Backpulver
1 Prise Salz
100 ml Milch
1 EL Zitronensaft
3 EL Kakaopulver

ZUM DEKORIEREN
Puderzucker

AUSSERDEM
Gugelhupfform mit 20–22 cm Ø

⏱ 20 MIN + 50 MIN
🧁 × 6–7 (1 KUCHEN)

TIGERKUCHEN
SCHWARZ-WEISS

♥ Den Backofen auf 175 °C vorheizen. Die Backform mit etwas Butter (oder Margarine) fetten und mit Mehl bestauben.

♥ Für den Teig die Butter (oder Margarine) mit dem Zucker und dem Vanillezucker verrühren. Erst ein Ei hinzufügen und unterrühren, bis sich die Masse wieder bindet. Dann mit den weiteren Eiern ebenso verfahren. Mehl, Backpulver und Salz vermischen, zusammen mit zwei Drittel der Milch sowie dem Zitronensaft hinzufügen und gut untermischen. Zwei Drittel des Teiges in die Backform füllen. Den übrigen Teig mit dem Kakaopulver und der restlichen Milch verrühren und auf den hellen Teig geben. Eine Gabel spiralförmig durch die Schichten ziehen und den Teig auf diese Weise marmorieren.

♥ Den Kuchen im vorgeheizten Ofen auf der mittleren Schiene 45–50 Minuten backen. Die Garprobe machen (siehe Tipp) und den fertig gebackenen Kuchen herausnehmen. Auf einem Kuchengitter 5 Minuten abkühlen lassen, dann aus der Form nehmen und vollständig abkühlen lassen.

♥ Vor dem Servieren mit Puderzucker bestauben.

TIPP

Zur Garprobe ein Holzstäbchen in die Mitte des Kuchens einstechen. Bleibt beim Herausziehen kein Teig daran haften, ist der Kuchen fertig. Andernfalls noch kurz weiterbacken.

MUFFIN-SCONES

NACH MARIAS ART

FÜR DEN TEIG
500 g Mehl
4 TL Backpulver
1 TL Salz
75 g Zucker
125 g weiche Butter
250 ml Milch
2 Eier
150 g gehackte Walnusskerne

AUSSERDEM
Muffinbleche plus Papierförmchen

🕐 15 MIN + 20–23 MIN
🧁 × 16–18

♥ Den Backofen auf 200 °C vorheizen. Für den Teig alle Zutaten in eine Schüssel geben und verkneten. Die Muffinbleche mit den Papierförmchen bestücken und den Teig darin verteilen (alternativ mithilfe von zwei Teelöffeln kleine Häufchen auf ein mit Backpapier belegtes Backblech setzen).

♥ Die Muffin-Scones im vorgeheizten Ofen auf der mittleren Stufe 20–23 Minuten backen, bis sie leicht gebräunt sind. Herausnehmen und abkühlen lassen.

TIPP

Servieren Sie die frisch gebackenen Muffin-Scones mit Butter und Konfitüre!

FÜR DEN KUCHENBODEN
80 g Butter, mehr für die Form
180 g Vollkornkekse

FÜR DIE CREME
3 Eier
3 EL Zucker
400 g Frischkäse
4–5 EL Crème fraîche
abgeriebene Schale von 1 kleinen
unbehandelten Limette
Saft von ½ Limette

ZUM DEKORIEREN
200–300 g gemischte Früchte
(z.B. Blaubeeren,
Himbeeren, Weintrauben, Physalis)
1 Zweig Minze (nach Belieben)

AUSSERDEM
Springform mit 24 cm Ø

🕐 20 MIN + 60 MIN
🧁 × 8 (1 KUCHEN)

CHEESECAKE
MIT FRISCHEN FRÜCHTEN

♥ Den Backofen auf 175 °C vorheizen. Die Springform mit etwas Butter fetten.

♥ Für den Kuchenboden die Butter in einer großen Pfanne schmelzen. Die Kekse in einen Gefrierbeutel geben und mit der Teigrolle zu Krümeln verarbeiten. Die Kekskrümel zur flüssigen Butter hinzufügen und gut unterrühren. Die Masse in die Springform geben und mithilfe eines Löffels oder eines Glases festdrücken, dabei einen Rand formen. Den Kuchenboden im vorgeheizten Ofen auf der mittleren Schiene 10 Minuten backen, dann herausnehmen und abkühlen lassen. Die Temperatur auf 150 °C reduzieren.

♥ Für die Creme in einer Schüssel die Eier mit dem Zucker schaumig rühren. Frischkäse, Crème fraîche, Limettenschale und -saft dazugeben und nur kurz unterrühren. Die Creme auf den vorgebackenen Kuchenboden geben, glatt streichen und den Kuchen für weitere 50 Minuten backen. Herausnehmen und abkühlen lassen.

♥ Die Früchte und nach Belieben die abgezupften Minzeblätter waschen und vorsichtig trocknen. Den Kuchen damit dekorieren.

MANDELMUFFINS
MIT MARZIPAN

FÜR DIE FÖRMCHEN
etwas flüssige Butter
40 g Mandelblättchen

FÜR DEN TEIG
250 g Marzipanrohmasse
2 Eier
70 g Mehl
1 TL Backpulver
10 g (etwa 1 EL) Mandelblättchen

AUSSERDEM
10–12 Muffinförmchen

🕐 20 MIN + 11–14 MIN
🧁 × 10–12

♥ Den Backofen auf 200 °C vorheizen. Die Förmchen mit etwas Butter fetten und mit den Mandelblättchen ausstreuen.

♥ Für den Teig das Marzipan fein raspeln und mit den Eiern verrühren, bis eine homogene Masse entsteht. Das Mehl mit dem Backpulver mischen, zur Marzipanmasse geben und alles gut verrühren. Zuletzt die Mandelblättchen hinzufügen und unterheben. Den Teig auf die Förmchen verteilen.

♥ Die Muffins im vorgeheizten Ofen auf der mittleren Schiene 11–14 Minuten backen. Gegen Ende der Backzeit die Temperatur für 2–3 Minuten auf 225 °C erhöhen, damit die Muffins eine goldbraune Färbung bekommen. Herausnehmen und abkühlen lassen.

TIPP

Dekorieren Sie die Mandelmuffins mit Schlagsahne und frischen Erdbeeren.

KÄSEKUCHEN

NACH CHRISTINES ART

FÜR DEN TEIG

120 g Butter, mehr für die Form
Mehl für die Form
200 g Zucker
4 Eier
1 kg Quark
1 Pck. Vanillezucker
5 EL Grieß
1 Pck. Vanillepuddingpulver
½ Pck. Backpulver
Saft von 1 großen Zitrone

AUSSERDEM

Springform mit 24 cm Ø

🕐 15 MIN + 50–55 MIN

🧁 × 12 (1 KUCHEN)

♥ Den Backofen auf 180 °C vorheizen. Die Springform mit etwas Butter fetten und mit Mehl bestauben.

♥ Für den Teig die Butter schmelzen und abkühlen lassen. In eine Schüssel geben. Den Zucker und die Eier hinzufügen und unterrühren. Quark, Vanillezucker, Grieß, Vanillepuddingpulver, Backpulver und Zitronensaft dazugeben und alles zu einem glatten Teig verrühren.

♥ Den Teig in die vorbereitete Form geben und glatt streichen. Im vorgeheizten Ofen auf der mittleren Schiene 50–55 Minuten backen, bis die Oberfläche goldbraun ist. Den Kuchen herausnehmen und in der Form abkühlen lassen.

BUNTE MUFFINS
MIT SCHOKOGUSS

FÜR DEN TEIG
70 g Butter
90 g Zucker
2 Eier
100 ml Milch
240 g Mehl
2 TL Backpulver
2 TL Vanillezucker
70 g dunkle Schokolade

ZUM DEKORIEREN
200 g Vollmilchkuvertüre
bunte Zuckerstreusel
Fruchtgummis

AUSSERDEM
Muffinblech mit Platz für
12 Muffins plus Papierförmchen

🕐 30 MIN + 20–25 MIN
 × 12

♥ Den Backofen auf 200 °C vorheizen. Für den Teig in einer Rührschüssel die Butter mit dem Zucker schaumig rühren. Erst ein Ei hinzufügen und unterrühren, bis sich die Masse wieder bindet. Dann mit dem zweiten Ei ebenso verfahren. Die Milch hinzufügen und unterrühren. Das Mehl mit dem Backpulver und dem Vanillezucker mischen, zur Buttermasse geben und kurz untermengen. Die Schokolade grob hacken und unter den Teig heben.

♥ Das Muffinblech mit den Papierförmchen bestücken und den Teig auf die Förmchen verteilen, sodass diese etwa zu zwei Drittel gefüllt sind. Die Muffins im vorgeheizten Ofen auf der mittleren Schiene 20–25 Minuten backen, bis sie schön aufgegangen und leicht gebräunt sind. Herausnehmen und abkühlen lassen.

♥ Die Kuvertüre grob hacken, über dem Wasserbad schmelzen (siehe Tipp) und die Muffins damit überziehen. Mit Streuseln und Fruchtgummis dekorieren.

TIPP

Für ein Wasserbad eine Metallschüssel über einen Topf mit heißem Wasser hängen. Die Schüssel darf das Wasser nicht berühren. Die Schokolade unter Rühren darin schmelzen.

FÜR DEN TEIG
90 g Margarine
200 g Mehl
1½ TL Backpulver
¾ TL Natron
1 Prise Salz
abgeriebene Schale und Saft
von 1 unbehandelten Limette
150 g Vanillejoghurt
100 g Zucker
1 Ei

ZUM DEKORIEREN
100 g helle oder dunkle Kuvertüre
12 Fruchtgummis in Gebissform

AUSSERDEM
Muffinblech mit Platz für 12 Muffins
plus Papierförmchen

🕐 20 MIN + 20–25 MIN

🧁 × 12

BISSIGE MUFFINS
FÜR HALLOWEEN

♥ Den Backofen auf 200 °C vorheizen. Für den Teig die Margarine schmelzen und beiseitestellen. Mehl, Backpulver, Natron, Salz und Limettenschale in eine Schüssel geben und vermischen. Den Joghurt und den Zucker in einer weiteren Schüssel verrühren. Das Ei, die flüssige Margarine und den Limettensaft dazugeben und alles gut vermengen. Die Joghurtmischung zur Mehlmischung geben und mit dem Teigschaber unterziehen.

♥ Das Muffinblech mit den Papierförmchen bestücken und den Teig auf die Förmchen verteilen, sodass diese etwa zu zwei Drittel gefüllt sind. Im vorgeheizten Ofen auf der mittleren Schiene 20–25 Minuten backen, bis die Muffins schön aufgegangen und leicht gebräunt sind. Herausnehmen und abkühlen lassen.

♥ Die Kuvertüre grob hacken, über dem Wasserbad schmelzen (siehe Tipp Seite 92) und je einen Klecks mittig auf die Muffins geben. Die Fruchtgummi-Gebisse aufsetzen und leicht andrücken.

BUCHWEIZENTORTE

MIT PREISELBEEREN

FÜR DEN TEIG
Fett für die Form
6 Eier
150 g Zucker
1 Pck. Vanillezucker
1 Prise Salz
abgeriebene Schale von
½ unbehandelten Zitrone
150 g Buchweizenmehl
2 TL Backpulver

ZUM DEKORIEREN
500 g Preiselbeeren aus dem Glas
600 g süße Sahne
8 EL Schokoraspel

AUSSERDEM
Springform mit 28 cm Ø

🕐 45 MIN + 45–50 MIN
🧁 × 12 (1 TORTE)

♥ Den Backofen auf 175 °C vorheizen. Den Boden der Springform mit Backpapier auslegen, die Seiten fetten.

♥ Für den Teig in einer Rührschüssel die Eier mit dem Zucker, dem Vanillezucker und dem Salz 10 Minuten schaumig schlagen. Die Zitronenschale dazugeben und unterrühren. Das Buchweizenmehl mit dem Backpulver mischen und unterheben.

♥ Den Teig in die Form füllen und im vorgeheizten Ofen auf der mittleren Schiene 45–50 Minuten backen (Garprobe siehe Seite 82). Den Kuchen herausnehmen, aus der Form lösen und vollständig abkühlen lassen. Dann waagerecht zweimal durchschneiden.

♥ Zum Dekorieren die Preiselbeeren gut abtropfen lassen, dann 3–4 EL beiseitestellen. Die Sahne steif schlagen, etwa ein Drittel beiseitestellen. Die Preiselbeeren vorsichtig unter die Schlagsahne heben. Den unteren Kuchenboden mit der Hälfte der Preiselbeersahne bestreichen. Den zweiten Boden auflegen und mit der restlichen Preiselbeersahne bestreichen. Den oberen Boden auflegen. Die Torte rundum mit der beiseitegestellten Sahne dünn bestreichen und mithilfe eines Spritzbeutels kleine Verzierungen auf die Oberfläche spritzen. Die restlichen Preiselbeeren (3–4 EL) mittig auf der Torte platzieren. Den Tortenrand mit den Schokoraspeln dekorieren. Die Torte bis zum Servieren kühl stellen.

TIPP

Der Kuchenboden kann bereits am Vortag gebacken werden.

FÜR DEN TEIG

6 Eier

1 Prise Salz

200 g Zucker

abgeriebene Schale von

½ unbehandelten Zitrone

200 g Karotten, geraspelt

300 g gemahlene Mandelkerne

100 g Mehl

FÜR DEN GUSS

1 Eiweiß

200 g Puderzucker

ZUM DEKORIEREN

2–3 EL Aprikosenkonfitüre

100 g Mandelblättchen

250 g orangefarbener Fondant

(siehe Tipp)

50 g grüner Fondant (siehe Tipp)

AUSSERDEM

Springform mit 28 cm Ø

🕐 60 MIN + 50–60 MIN

 × 12 (1 KUCHEN)

RÜBLIKUCHEN

MIT ZUCKERGUSS

♥ Den Backofen auf 175 °C vorheizen. Die Springform mit Backpapier auslegen.

♥ Für den Teig die Eier mit dem Salz und dem Zucker in eine Rührschüssel geben und 10 Minuten schaumig aufschlagen. Die Zitronenschale und die Karottenraspel dazugeben und unterrühren. Mandeln und Mehl mischen, hinzufügen und unterheben. Den Teig in die Form geben und im vorgeheizten Ofen auf der mittleren Schiene 50–60 Minuten backen (Garprobe siehe Seite 82). Den Kuchen herausnehmen, aus der Form lösen und auf einem Kuchengitter abkühlen lassen.

♥ Für den Guss das Eiweiß in einer fettfreien Schüssel steif schlagen, dabei den Puderzucker einrieseln lassen. Die Oberfläche des Kuchens mit einem Großteil des Eischnees bestreichen. Den restlichen Eischnee in einen Spritzbeutel füllen und kleine Verzierungen aufspritzen.

♥ Zum Dekorieren den Kuchenrand mit der Aprikosenkonfitüre bestreichen. Die Mandelblättchen ohne Fettzugabe in einer beschichteten Pfanne rösten, dann den Kuchenrand damit verzieren. Aus dem Fondant kleine Karotten mit Grün formen und auf der Kuchenoberfläche verteilen.

TIPP

Falls kein farblich passender Fondant erhältlich ist, weißen Fondant mit orangefarbener bzw. grüner Lebensmittelfarbe einfärben.

KÖSTLICH– KEITEN MIT SCHOKOLADE

~∾~

In diesem Kapitel wird das Glück förmlich auf den Kuchenteller gezaubert. Wenn ich zuhause ankündige, dass ich einen Schokoladenkuchen backen werde, bekomme ich auffällig häufig Besuch von meinen Lieben in der Küche, die ihre Hilfe anbieten. Ich nehme solche Angebote immer sehr freudig an. Meist verschwinden die kleinen Helfer dann mit glücklich strahlenden Gesichtern, sobald die Rührschüssel vollständig ausgekratzt ist, der letzte Löffel abgeleckt ist und der Kuchen im Ofen steht. In diesem Kapitel zeige ich Ihnen, wie Sie 13-mal einfache Glücklichmacher zaubern können. Von Brownies mit Krokant über Schokokuchen nach Sacher Art bis zu Früchten im Schokoladenmantel ist alles dabei.

~∾~

KÜCHLEIN
AUS SCHOKOLADE MIT NÜSSEN

FÜR DEN TEIG
175 g Butter
100 g dunkle Schokolade
220 g Zucker
1 TL Vanillezucker
1 Prise Salz
100 g Mehl
2 Eier
30 g Pinienkerne
40 g Haselnusskerne
30 g Feigen

ZUM DEKORIEREN
etwa 20 kleine Gummibärchen
Puderzucker zum Bestauben

AUSSERDEM
18–20 Metall- oder Papierförmchen
mit 6 cm Ø

🕐 20 MIN + 10–12 MIN
🧁 × 18–20

♥ Den Backofen auf 200 °C vorheizen. Für den Teig die Butter in einen Topf geben und schmelzen. Die Schokolade in grobe Stücke brechen, dazugeben und bei geringer Temperatur unter Rühren ebenfalls schmelzen. Zucker, Vanillezucker, Salz, Mehl und Eier hinzufügen und alles gut verrühren. Die Pinienkerne und die Haselnüsse grob hacken, die Feigen klein schneiden. Zum Teig geben und unterrühren.

♥ Den Teig auf die Förmchen verteilen. Im vorgeheizten Ofen auf der mittleren Schiene 10–12 Minuten backen. Herausnehmen und abkühlen lassen. Die Gummibärchen jeweils in drei Teile schneiden und die Stückchen auf den Küchlein verteilen. Leicht mit Puderzucker bestauben.

BROWNIES
MIT KROKANT

FÜR DEN TEIG
150 g Butter
125 g Zartbitterschokolade
4 Eier
125 g Zucker
50 g Mehl
40 g gemahlene Mandelkerne
3 EL Krokant (Fertigprodukt)

ZUM DEKORIEREN
5–6 EL Puderzucker
24 Minikekse mit Zuckerverzierung

🕐 30 MIN + 15–18 MIN

🧁 × 24

♥ Den Backofen auf 190 °C vorheizen. Ein Backblech (oder eine große rechteckige Backform) mit Backpapier auslegen.

♥ Für den Teig die Butter und die grob zerkleinerte Schokolade in einen kleinen Topf geben und bei niedriger Temperatur unter Rühren schmelzen. Die Eier trennen. Das Eiweiß steif schlagen und beiseitestellen. In einer Rührschüssel das Eigelb und den Zucker schaumig rühren, dann die Schokoladenmasse dazugeben und untermischen. Das Mehl und die Mandeln hinzufügen und unterrühren. Den Eischnee vorsichtig unterheben. Zuletzt den Krokant untermischen.

♥ Den Teig auf das Blech (oder in die Form) geben, glatt streichen und im vorgeheizten Ofen auf der mittleren Schiene 15–18 Minuten backen (Garprobe siehe Seite 82). Herausnehmen, abkühlen lassen und in 24 kleine Rechtecke schneiden.

♥ Zum Dekorieren den Puderzucker mit wenig Wasser glatt rühren, sodass eine dickflüssige Masse entsteht, und je einen Klecks davon auf ein Kuchenstück setzen. Die Minikekse auf den Puderzuckerklecks setzen und leicht andrücken.

GEEISTE KÜCHLEIN

NACH ANNELIS ART

♥ Den Backofen auf 150 °C vorheizen. Für den Teig das Eiweiß in eine Schüssel geben und steif schlagen, dabei ein Drittel des Zuckers einrieseln lassen. Das Kakaopulver sieben und mit dem restlichen Zucker mischen. Zum Eischnee dazugeben und unterrühren. Die Papierförmchen mit dem Teig befüllen, sodass sie etwa zu zwei Drittel gefüllt sind. Im vorgeheizten Ofen auf der mittleren Schiene 25–30 Minuten backen. Herausnehmen und abkühlen lassen.

♥ In der Zwischenzeit für die Füllung die Sahne steif schlagen. In einer Schüssel das Eigelb mit dem Zucker und dem Vanillezucker verrühren. Die Eimischung sowie den Joghurt zur Sahne geben und untermischen.

♥ In die Mitte der Küchlein mithilfe eines Löffels ein großes Loch drücken und dieses mit der Sahne-Joghurt-Creme füllen. Die Küchlein für 30 Minuten in den Gefrierschrank stellen. Anschließend herausnehmen und nach Belieben mit frischen Beeren dekorieren. Sofort servieren.

FÜR DEN TEIG
3 Eiweiß
250 g Zucker
2–3 EL Kakaopulver
(Menge nach Geschmack)

FÜR DIE FÜLLUNG
150 g süße Sahne
3 Eigelb
2 EL Zucker
3 TL Vanillezucker
100 g griechischer Joghurt

ZUM DEKORIEREN
frische Beeren (nach Belieben)

AUSSERDEM
10–12 Papierförmchen

🕐 30 MIN + 60 MIN
🧁 × 10–12

BAISER

MIT SCHOKOLADE

FÜR DAS BAISER
70 g dunkle Schokolade
3 Eiweiß
125 g Zucker

🕐 15 MIN + 105 MIN

🧁 × 4–8

♥ Den Backofen auf 125 °C vorheizen. Ein Backblech mit Backpapier belegen.

♥ Die Schokolade zerkleinern und über dem Wasserbad schmelzen (siehe Tipp Seite 92). Den Topf vom Herd nehmen. Das Eiweiß steif schlagen, dabei den Zucker langsam einrieseln lassen. Die Hälfte der flüssigen Schokolade sehr dünn über den Eischnee „ringeln", indem man sie in dünnem Strahl vom Löffel tropfen lässt. Dann mit einem großen Löffel vier kleine oder zwei große Eischnee-Nocken abstechen (dabei wird etwa die Hälfte des Eischnees verbraucht) und auf das Backpapier legen. Dabei vorsichtig vorgehen, damit sich die Schokolade nicht mit dem Eischnee vermischt, da sonst braunes Baiser entsteht. Die restliche Schokolade wie beschrieben auf dem verbliebenen Eischnee verteilen und erneut mit dem Löffel Eischnee-Nocken abstechen und auf das Backblech setzen.

♥ Die Baisers im vorgeheizten Ofen auf der mittleren Schiene etwa 1 Stunde 45 Minuten backen. Herausnehmen und abkühlen lassen.

FÜR DEN TEIG
40 g Butter, mehr für die Form
4 Eier
50 g Zucker
50 g Puderzucker
60 g Mehl, mehr für die Form
1 Msp. Backpulver
4 EL Kakaopulver
3 Löffelbiskuits

ZUM BESTREICHEN
200 g Aprikosenkonfitüre

FÜR DIE GLASUR
100 g dunkle Schokolade
50 g Butter

AUSSERDEM
Gugelhupfform mit 18 cm Ø

 40 MIN + 40 MIN

× 4–6 (1 KUCHEN)

SCHOKOKUCHEN
NACH SACHER ART

♥ Den Backofen auf 180 °C vorheizen. Die Gugelhupf-form mit etwas Butter fetten und mit Mehl bestauben.

♥ Für den Teig die Butter schmelzen. Die Eier tren-nen. Das Eiweiß steif schlagen, dabei den Zucker ein-rieseln lassen. In einer Rührschüssel das Eigelb mit dem Puderzucker schaumig rühren. Mehl, Backpulver und Kakaopulver in einer Schüssel mischen, dann über die Eigelbmasse sieben und vorsichtig unterheben. Die Butter dazugeben und alles verrühren. Die Löffelbis-kuits in einen Gefrierbeutel geben und mithilfe einer Teigrolle zu Krümeln verarbeiten. Die Krümel zusam-men mit dem Eischnee zum Teig geben und vorsichtig unterheben.

♥ Den Teig in die Form füllen und im vorgeheizten Ofen auf der zweiten Schiene von unten 35 Minuten backen. Den Backofen ausschalten und den Kuchen weitere 5 Minuten darin ruhen lassen. Herausnehmen, aus der Form lösen und vollständig abkühlen lassen. Den Kuchen waagerecht zweimal durchschneiden, dann die beiden unteren Böden mit der Aprikosen-konfitüre bestreichen und aufeinandersetzen. Den dritten Boden obenauf legen.

♥ Für die Glasur die zerkleinerte Schokolade und die Butter in einem kleinen Topf erwärmen und so lange rühren, bis eine glatte Glasur entsteht. Den Kuchen damit überziehen.

TIPP

Mit einem Klecks Schlagsahne und frischen Himbeeren servieren.

RHABARBER-KUCHEN

MIT BAISER

FÜR DEN TEIG
110 g weiche Butter,
mehr für die Form
130 g Zucker
1 TL Vanillezucker
3 Eier
160 g Mehl, mehr für die Form
2 TL Backpulver
2–3 EL Kakaopulver
30–40 ml Milch

FÜR DEN BELAG
350–400 g Rhabarber,
gewaschen und geschält
90 g Zucker

AUSSERDEM
Springform mit 24–26 cm Ø

 25 MIN + 30–36 MIN
× 8–10 (1 KUCHEN)

♥ Den Backofen auf 200 °C vorheizen. Die Springform mit etwas Butter fetten und mit Mehl bestauben.

♥ Für den Teig die Butter mit dem Zucker und dem Vanillezucker schaumig rühren. Die Eier trennen und 1½ Eiweiß beiseitestellen. Die drei Eigelb und das restliche Eiweiß zur Buttermasse geben und unterrühren. Das Mehl mit dem Backpulver und dem Kakaopulver verrühren. Die Mehlmischung abwechselnd mit der Milch zur Buttermasse geben und untermischen. Den Teig in die Backform füllen.

♥ Für den Belag den Rhabarber in 2–3 cm lange Stücke schneiden und auf dem Teig verteilen. Den Kuchen im vorgeheizten Ofen auf der mittleren Schiene 15–18 Minuten backen. In der Zwischenzeit das beiseitegestellte Eiweiß mit dem Zucker (90 g) steif schlagen. Den Kuchen kurz aus dem Ofen nehmen, den Eischnee gleichmäßig darauf verteilen und den Kuchen weitere 15–18 Minuten backen, bis das Baiser zart gebräunt ist. Herausnehmen und abkühlen lassen.

TIPP

Schlagsahne oder Vanilleeis passen gut dazu.

TÖRTCHEN
AUS SCHOKOBISKUIT

FÜR DEN BODEN
200 g Marzipanrohmasse
1 Eiweiß

FÜR DIE FÜLLUNG
100 g dunkle Schokolade
100 g Vollmilchschokolade
mit gehackten Nüssen
100 g süße Sahne
25 g Butter
1 Prise gemahlener Zimt

FÜR DIE GLASUR
100 g dunkle Schokolade
etwas süße Sahne (bei Bedarf)

🕐 60 MIN + 40 MIN
🧁 × 20

♥ Den Backofen auf 175 °C vorheizen. Ein Backblech mit Backpapier belegen.

♥ Für den Boden das Marzipan grob reiben und mit dem Eiweiß zu einem glatten Teig verarbeiten. Den Teig in einen Spritzbeutel mit Tülle geben. Mit etwas Abstand zueinander 20 kleine Kreise auf das Backblech spritzen. Im vorgeheizten Ofen auf der mittleren Schiene 8–10 Minuten backen. Herausnehmen und die Biskuits abkühlen lassen.

♥ Für die Füllung die beiden Schokoladensorten hacken. Sahne und Butter in einen Topf geben und erwärmen. Die Schokolade dazugeben und darin unter Rühren schmelzen. Den Zimt hinzufügen und unterrühren. Die Masse abkühlen lassen und kalt stellen, bis sie fest wird.

♥ Die Marzipanbiskuits mit der glatten Seite nach oben auf große Teller legen. Die Füllung in einen Spritzbeutel geben und gleichmäßig aufspritzen (oder mit einem Messer auftragen), sodass die Schokoladencreme wie ein Kegel auf den Biskuits sitzt. Für 30 Minuten kalt stellen.

♥ Für die Glasur die Schokolade über dem Wasserbad schmelzen (siehe Tipp Seite 92). Ist sie zu dickflüssig, etwas Sahne untermischen. Die Schokoladencremekegel vorsichtig eintauchen, sodass nur der Marzipanboden unbedeckt bleibt, dann kalt stellen, bis die Glasur getrocknet ist.

SCHOKOKÜCHLEIN

VEGAN, MIT BEEREN

♥ Den Backofen auf 180 °C vorheizen. Die Springform mit etwas Margarine fetten und mit Mehl bestauben.

♥ Für den Teig die Margarine schmelzen und beiseitestellen. In einer Rührschüssel Mehl, Backpulver, Zucker, Vanillezucker, Kakaopulver und Salz mischen. Die Sojamilch und die geschmolzene Margarine dazugeben und untermischen. Den Teig in die Form füllen und im vorgeheizten Ofen auf der mittleren Schiene 35–40 Minuten backen (Garprobe siehe Tipp Seite 82). Den Kuchen herausnehmen, aus der Form lösen und abkühlen lassen. Anschließend mit der Ausstechform (oder einem Glas) 7–8 Scheiben ausstechen.

♥ Für die Glasur die Schokolade über dem Wasserbad schmelzen (siehe Tipp Seite 92). Die Oberfläche der Küchlein damit bestreichen und trocknen lassen. Die Früchte waschen, trocken tupfen und die Küchlein damit dekorieren.

FÜR DEN TEIG
100 g Margarine, mehr für die Form
250 g Mehl, mehr zum Verarbeiten
5 TL Backpulver
250 g Zucker
3 TL Vanillezucker
4 EL veganes Kakaopulver
1 Prise Salz
180 ml Sojamilch

FÜR DIE GLASUR
100 g vegane Zartbitterkuvertüre

ZUM DEKORIEREN
Früchte nach Wahl (z.B. Erdbeeren, Johannisbeeren, Blaubeeren)

AUSSERDEM
Springform mit 26 Ø und
Ausstechform mit 4–7 cm Ø

🕐 30 MIN + 35–40 MIN
🧁 × 7–8

OBST
IM SCHOKOLADENMANTEL

FÜR DIE SCHOKOFRÜCHTE

200 g dunkle Kuvertüre
50 g weiße Kuvertüre
3 kleine Bananen
15 Erdbeeren, gewaschen,
aber nicht entkelcht
1 Handvoll beliebige Nüsse,
Kerne und Mandeln

ZUM DEKORIEREN
Zuckerperlen und -streusel

🕐 20 MIN
🥣 × 4–6

♥ Die dunkle und die weiße Kuvertüre separat über dem Wasserbad schmelzen (siehe Tipp Seite 92).

♥ Die Bananen schälen und in beliebig große Stücke schneiden. Auf Holzspieße (Anzahl je nach vorhandenen Bananenstücken) stecken, nach Belieben in die dunkle oder in die weiße Schokolade tauchen und darin wenden. Mit Zuckerperlen und -streuseln dekorieren und zum Trocknen auf eine Lage Backpapier legen.

♥ Die Erdbeeren mit der Spitze und die Nüsse, Kerne und Mandeln je zur Hälfte nach Belieben in die dunkle oder weiße Schokolade tauchen. Ebenfalls mit Perlen und Streuseln dekorieren und auf Backpapier trocknen lassen.

DIE ARBEIT BEI DER ERNTE WIRD MIT
APFELMUS, APFELKUCHEN UND ANDEREN
LECKEREIEN BELOHNT.

FÜR DEN TEIG

200 g weiche Margarine
240 g Zucker
2 TL Vanillezucker
2 Eier
100 g Mehl
1 TL Backpulver
4 EL Kakaopulver
200 g gehackte Haselnusskerne

🕐 20 MIN + 12–15 MIN

🧁 × 30–35

NUSS-SCHNITTEN
MIT SCHOKOLADE

♥ Den Backofen auf 180 °C vorheizen. Ein Backblech mit Backpapier belegen, dabei die Ränder des Backpapiers so hochschlagen, dass ein 30 x 40 cm großes Rechteck entsteht (oder eine entsprechend große Backform verwenden).

♥ In einer Rührschüssel die Margarine mit dem Zucker und dem Vanillezucker schaumig rühren. Die Eier dazugeben und rühren, bis eine glatte Masse entsteht. In einer weiteren Schüssel Mehl, Backpulver und Kakaopulver mischen, dann zur Buttermasse geben und unterheben. Drei Viertel der gehackten Nüsse untermischen.

♥ Den Teig auf das Backblech geben, glatt streichen und mit den restlichen Nüssen bestreuen. Im vorgeheizten Ofen auf der mittleren Schiene 12–15 Minuten backen. Herausnehmen und noch warm in 30–35 kleine Rechtecke schneiden. Abkühlen lassen.

MAULWURFKUCHEN

MIT BANANENFÜLLUNG

♥ Den Backofen auf 180 °C vorheizen. Die Springform mit etwas Butter fetten.

♥ Für den Teig die Eier trennen. Das Eiweiß steif schlagen, dabei das Salz und die Hälfte des Zuckers einrieseln lassen. Die Butter mit dem restlichen Zucker schaumig rühren, dann das Eigelb unterrühren. In einer weiteren Schüssel Mehl, Speisestärke, Kakaopulver und Backpulver mischen und zusammen mit der Milch unter die Buttermasse mengen. Den Eischnee unterheben.

♥ Den Teig in die Form füllen und im vorgeheizten Ofen auf der unteren Schiene 30–35 Minuten backen (Garprobe siehe Tipp Seite 82). Den Kuchen herausnehmen und kurz abkühlen lassen, dann aus der Form nehmen und vollständig abkühlen lassen. Den Kuchen mithilfe eines Löffels knapp 2 cm tief aushöhlen, dabei einen etwa 2 cm breiten Rand stehen lassen. Die herausgeschabten Kuchenreste zerkrümeln und beiseitestellen.

♥ Für die Füllung die Schokolade klein hacken. Die Sahne mit dem Sahnesteif und dem Puderzucker steif schlagen. Die Schokostückchen unterheben. Die Bananen schälen und nach Belieben quer in Scheiben oder längs in dünne Streifen schneiden. Den ausgehöhlten Kuchenboden damit belegen. Die Schokosahne darauf verteilen. Zum Schluss die Kuchenkrümel über die Sahne streuen. Den Kuchen für 1 Stunde kalt stellen.

FÜR DEN TEIG
4 Eier
1 Prise Salz
125 g Zucker
125 g Butter, mehr für die Form
80 g Mehl
40 g Speisestärke
50 g Kakaopulver
1 Pck. Backpulver
200 ml Milch

FÜR DIE FÜLLUNG
50 g dunkle Schokolade
400 g süße Sahne
1 Pck. Sahnesteif
2 EL Puderzucker
2 Bananen

AUSSERDEM
Springform mit 26 cm Ø

🕐 35 MIN + 90 MIN
🧁 × 8–10 (1 KUCHEN)

TIPP

Die Kuchenkrümel zu einem „Maulwurfshügel" aufhäufen und einen kleinen Maulwurf aus Kunststoff oder Filz (den unteren Teil mit Frischhaltefolie umwickeln) in die Mitte des Kuchens setzen.

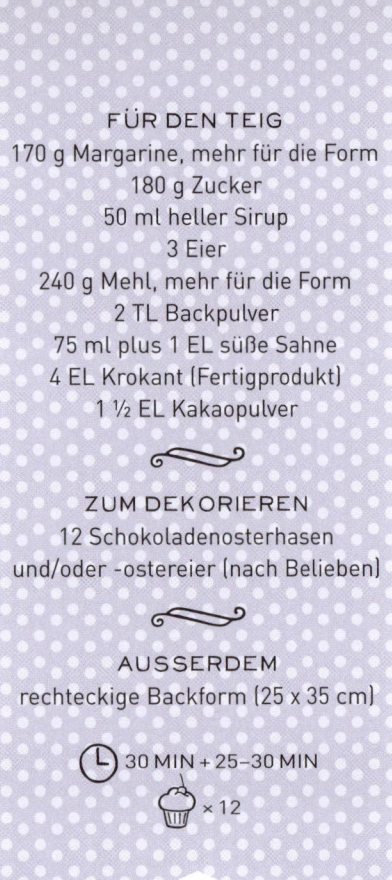

FÜR DEN TEIG
170 g Margarine, mehr für die Form
180 g Zucker
50 ml heller Sirup
3 Eier
240 g Mehl, mehr für die Form
2 TL Backpulver
75 ml plus 1 EL süße Sahne
4 EL Krokant (Fertigprodukt)
1 ½ EL Kakaopulver

ZUM DEKORIEREN
12 Schokoladenosterhasen
und/oder -ostereier (nach Belieben)

AUSSERDEM
rechteckige Backform (25 x 35 cm)

30 MIN + 25–30 MIN

× 12

KROKANTKÜCHLEIN
MIT SCHOKOFIGUREN

♥ Den Backofen auf 180 °C vorheizen. Die Backform mit etwas Margarine fetten und mit Mehl bestauben.

♥ Für den Teig die Margarine mit dem Zucker und dem Sirup in eine Schüssel geben und schaumig schlagen. Die Eier nach und nach dazugeben und gut unterrühren. Mehl und Backpulver mischen und abwechselnd mit der Sahne (75 ml) zur Margarine-Ei-Mischung geben. Alles zu einem glatten Teig verarbeiten, 3 EL Krokant dazugeben und unterrühren. Ein Drittel des Teiges in eine Schüssel geben und mit dem Kakaopulver und 1 EL Sahne verrühren.

♥ Die Hälfte des hellen Teiges in die Backform füllen. Darauf den dunklen Teig geben und glatt streichen, dann den restlichen hellen Teig darauf verteilen. Eine Gabel spiralförmig durch alle Schichten ziehen und den Kuchen auf diese Weise marmorieren. Den restlichen Krokant auf dem Kuchen verteilen. Im vorgeheizten Ofen auf der mittleren Schiene 25–30 Minuten backen (Garprobe siehe Tipp Seite 82). Herausnehmen und vollständig abkühlen lassen.

♥ Den Kuchen in zwölf Stücke schneiden oder Kreise ausstechen und nach Belieben mit Schoko-Osterhasen oder Schoko-Ostereiern dekorieren.

SCHOKOKUGELN

MIT ZUCKERPERLEN

FÜR DIE SCHOKOMASSE
80 ml Milch
2–3 EL Kakaopulver
250 g Löffelbiskuits
1 Pck. Vanillezucker
80–100 g süße Sahne
200 g Mascarpone

ZUM DEKORIEREN
3–4 EL Kakaopulver
Zuckerperlen (nach Belieben)

🕐 30 MIN
🧁 ×50

♥ Für die Schokomasse in einer kleinen Schüssel die Milch mit dem Kakaopulver gut vermischen. Die Löffelbiskuits in einen Gefrierbeutel geben und mit der Teigrolle grob zerkrümeln. Die Krümel in ein hohes Rührgefäß geben und die Kakaomilch darübergießen. Vanillezucker, Sahne und Mascarpone hinzufügen und die Masse mit dem Pürierstab nach Belieben grob oder fein pürieren.

♥ Vom Teig mit einem Teelöffel kleine Portionen abnehmen und zwischen den Handflächen zu etwa 50 Kugeln formen. Das Kakaopulver auf einen kleinen Teller geben und die Kugeln darin wälzen. Nach Belieben mit Zuckerperlen dekorieren und kalt stellen.

TIPP

Besonders hübsch sehen die Kugeln aus, wenn sie in glitzernden Pralinenförmchen gereicht werden.

KLEIN & FEIN

Ich liebe es zu backen, besonders gern kleines Feines. Kekse und kleines Gebäck sind schnell gemacht und äußerst dekorativ. Es macht Spaß, sie zusammen mit der Familie oder mit Freunden herzustellen, auszurollen und zu verzieren. Sie würden sich lange in einer Blechdose halten, wenn nicht alle aus der Familie – und ich voran – gerne und oft zwischendurch naschen würden. Und dann gibt es ja auch noch Freunde, die sich über ein hübsch verpacktes leckeres Mitbringsel freuen. Finden Sie in diesem Kapitel Ihren eigenen kleinen und feinen Favoriten. Vielleicht werden Sie ja für die Schnittchen mit Erdnuss und Schokolade oder für das Shortbread nach Michaels feiner englischen Art schwärmen.

ZUCKERRINGE
NACH GROSSMUTTER IDAS ART

FÜR DEN TEIG
½ Würfel frische Hefe (21 g)
100 g süße Sahne
50 g weiche Butter
1 Ei
250 g Mehl

ZUM DEKORIEREN
1 Ei zum Bestreichen
Hagelzucker zum Bestreuen

35 MIN + 60–70 MIN

× 40

♥ Die Hefe in eine Schüssel bröckeln, 50 g Sahne hinzufügen und die Hefe darin auflösen. Die restliche Sahne, die Butter, das Ei und das Mehl dazugeben und alles gut verkneten. Den Teig zugedeckt an einem warmen Ort 30 Minuten gehen lassen.

♥ Den Backofen auf 180 °C vorheizen. Zwei Backbleche mit Backpapier belegen. Den Teig in etwa 40 Portionen teilen. Jede Portion erst zu einer Rolle, dann zu einem Ring formen. Die Ringe auf die Backbleche verteilen.

♥ Das Ei verquirlen, die Ringe damit bestreichen und mit Hagelzucker bestreuen. Im vorgeheizten Ofen auf der mittleren Schiene nacheinander 15–20 Minuten backen, dann den Ofen ausschalten und die Ringe noch einige Minuten darin nachbacken lassen. Herausnehmen und auf einem Kuchengitter vollständig abkühlen lassen.

SCHNITTCHEN
MIT ERDNUSS UND SCHOKOLADE

FÜR DIE ERDNUSSMASSE
300 g stückige Erdnussbutter
50 g Zucker
200 ml heller Sirup
1 Prise Salz
30 g Kokosraspel
40 g Reispops
200 g dunkle Schokolade
40 g Erdnusshälften

AUSSERDEM
rechteckige Backform
(24 x 35 cm)

 25 MIN + 70 MIN

 × 24

♥ Die Backform mit Backpapier auslegen. In einem kleinen Topf die Erdnussbutter, den Zucker und den Sirup unter ständigem Rühren bei niedriger Temperatur erhitzen, aber nicht zum Kochen bringen. Dann das Salz, die Kokosraspel und die Reispops dazugeben und gut unterrühren. Die etwas bröckelige Masse in die Form geben und glatt streichen.

♥ Die Schokolade über dem Wasserbad schmelzen (siehe Tipp Seite 92) und die Masse damit bestreichen. Die noch warme Schokolade mit den Erdnüssen bestreuen.

♥ Die Form im Kühlschrank für 10 Minuten kalt stellen, dann die Masse vorsichtig in etwa 24 kleine Stücke schneiden und erneut für etwa 1 Stunde kühl stellen.

FÜR DIE KEKSE
150 g Margarine oder Butter
50 g Marzipanrohmasse
60 g Puderzucker
1 TL Vanillezucker
1 kleines Ei
etwa 300 g Mehl, mehr nach Bedarf
25 g Kakaopulver

❧

AUSSERDEM
2–3 EL Rohrzucker

🕐 30 MIN + 45 MIN
🧁 × 56

SCHOKOTALER
MIT SCHOKOKRUSTE

♥ Die Margarine oder Butter in eine Schüssel geben und mit einer Gabel weich rühren. Das Marzipan fein reiben, dann zusammen mit dem Puderzucker und dem Vanillezucker hinzufügen und untermischen. Das Ei in ein Glas aufschlagen und mit einer Gabel verquirlen. Etwa drei Viertel davon zur Marzipanmasse geben; das restliche Ei beiseitestellen. Das Mehl und das Kakaopulver ebenfalls hinzufügen und alle Zutaten gut verkneten. Falls der Teig zu klebrig sein sollte, noch etwas Mehl einarbeiten. Den Teig in vier Portionen teilen und diese zu gleichmäßigen Rollen mit etwa 2 cm Ø formen. Die Rollen für 30 Minuten kalt stellen.

♥ Inzwischen den Backofen auf 200 °C vorheizen. Ein Backblech mit Backpapier belegen. Die Rollen aus dem Kühlschrank nehmen und mit dem beiseitegestellten Ei bestreichen. Den Rohrzucker auf einem flachen Teller verteilen und die Rollen darin wenden. Dann mit einem scharfen Messer in 1 cm dicke Scheiben schneiden (etwa 14 Scheiben pro Rolle). Die Kekse auf das Backblech legen und im vorgeheizten Ofen auf der mittleren Schiene 12–15 Minuten backen, bis sie leicht gebräunt sind. Herausnehmen und abkühlen lassen.

FÜR DEN TEIG
125 g weiche Butter
25 g Puderzucker
140 g Mehl
20 g Speisestärke
1 TL Vanillezucker
1 Prise Salz

FÜR DIE FÜLLUNG
2 EL Aprikosenkonfitüre
2 EL Schwarze Johannisbeeren, gewaschen und von den Rispen gezupft
2 EL Mini-Marshmallows

🕐 25 MIN + 42–44 MIN

🧁 × 15–18

FLINKE KEKSE
MIT SCHWARZER JOHANNISBEERE

♥ Den Backofen auf 200 °C vorheizen. Ein Backblech mit Backpapier belegen.

♥ Für den Teig in einer Rührschüssel die Butter mit dem Puderzucker cremig rühren. Mehl, Speisestärke, Vanillezucker und Salz mischen, zur Buttermasse hinzufügen und alles zu einem glatten Teig verarbeiten. Den Teig zu einer Rolle mit 3–4 cm Ø formen und, in Frischhaltefolie gewickelt, für etwa 30 Minuten kalt stellen.

♥ Anschließend die Teigrolle mit einem scharfen Messer in 5–6 mm dicke Scheiben (15–18 Stück) schneiden. Diese auf das Backblech legen, eine Vertiefung in die Mitte drücken und die Konfitüre, die Beeren und die Marshmallows hineingeben.

♥ Die Kekse im vorgeheizten Ofen auf der mittleren Schiene 12–14 Minuten backen, bis sie leicht gebräunt sind. Herausnehmen und auf einem Kuchengitter abkühlen lassen.

TIPP

Hübsch sieht es auch aus, wenn man die Marshmallows nicht mitbäckt, sondern unmittelbar nach dem Backen auf den Keksen verteilt.

KLEIN & FEIN

SCHOKOKEKSE

MIT HAGELZUCKER

♥ Den Backofen auf 200 °C vorheizen. Ein Backblech mit Backpapier belegen.

♥ Für den Teig in einer Rührschüssel die Butter und den Zucker schaumig rühren. Das Ei dazugeben und rühren, bis eine glatte Masse entsteht. Mehl, Backpulver und Kakaopulver mischen, zur Buttermasse hinzufügen und unterheben.

♥ Den Teig in fünf oder sechs Portionen teilen und auf leicht bemehlter Arbeitsfläche zu etwa 5 mm dicken Rechtecken ausrollen. Die Rechtecke mit etwas Abstand zueinander auf das Backblech setzen.

♥ Das Ei verquirlen und den Teig damit bestreichen. Mit etwas Hagelzucker bestreuen.

♥ Das Gebäck im vorgeheizten Backofen auf der mittleren Schiene 10–13 Minuten backen, bis es leicht gebräunt ist. Herausnehmen und die noch warmen Rechtecke in insgesamt 50–60 gleich große Stücke (kleine Rechtecke oder Rauten, nach Belieben) schneiden.

FÜR DEN TEIG
200 g weiche Butter
180 g Zucker
1 Ei
250 g Mehl, mehr zum Verarbeiten
¾ TL Backpulver
3 EL Kakaopulver

ZUM DEKORIEREN
1 Ei
Hagelzucker

🕐 25 MIN + 10–13 MIN

🧁 × 50–60

GEBÄCK
MIT POPCORN

FÜR DEN TEIG
120 g weiche Butter
125 g Zucker
2 TL Vanillezucker
50 ml neutrales Öl
180 g Mehl
60 g Kartoffelmehl
1 TL Backpulver
30 g Popcorn

🕐 25 MIN + 12–14 MIN

🧁 × 25

♥ Den Backofen auf 190 °C vorheizen. Ein Backblech mit Backpapier belegen.

♥ In einer Rührschüssel die Butter mit dem Zucker und dem Vanillezucker schaumig rühren. Das Öl unter ständigem Rühren langsam dazugeben. Das Mehl mit dem Kartoffelmehl und dem Backpulver mischen und zur Buttermasse hinzufügen. Alles zu einem glatten Teig verarbeiten. Zuletzt das Popcorn dazugeben und unterrühren.

♥ Den Teig mithilfe von zwei Esslöffeln als Häufchen (etwa 25 Stück) auf dem Backblech verteilen und leicht flach drücken. Die Kekse im vorgeheizten Ofen auf der mittleren Schiene 12–14 Minuten backen, bis sie leicht gebräunt sind. Herausnehmen und auf einem Kuchengitter abkühlen lassen.

TIPP

Das Popcorn-Gebäck passt perfekt zu Eis.

FÜR DEN TEIG
275 g Mehl, mehr zum Verarbeiten
225 g kalte Butter
2 EL gemahlene Mandelkerne
(ohne Haut)
85 g feiner Zucker
abgeriebene Schale von
2 unbehandelten Zitronen

AUSSERDEM
Zucker zum Bestreuen
(nach Belieben)

🕐 40 MIN + 80 MIN
🧁 × 24

SHORTBREAD
NACH MICHAELS FEINER ENGLISCHER ART

♥ Für den Teig das Mehl in eine Rührschüssel sieben, die Butter in kleinen Stücken dazugeben. Die übrigen Zutaten hinzufügen und alles erst mit den Knethaken des Handrührgeräts vermengen, dann mit den Händen zu einem geschmeidigen Mürbeteig verarbeiten. Den Teig zu einer Kugel formen und, in Frischhaltefolie gewickelt, für 30 Minuten im Kühlschrank ruhen lassen.

♥ Den Backofen auf 180 °C vorheizen und zwei Backbleche mit Backpapier belegen. Den Teig auf der leicht bemehlten Arbeitsfläche knapp 1 cm dick ausrollen und mit einer runden Ausstechform oder einem umgedrehten Glas etwa 24 Taler mit 6 cm Ø ausstechen. Die Taler auf die Backbleche legen und nach Belieben verzieren (z.B. mit dem Rand der Ausstechform wie auf dem Foto ein Rillenmuster eindrücken).

♥ Die Shortbreads nacheinander im vorgeheizten Ofen auf der mittleren Schiene etwa 25 Minuten backen, bis sie leicht gebräunt sind (nicht zu braun werden lassen!). Herausnehmen, auf ein Kuchengitter legen und nach Belieben mit etwas Zucker bestreuen. Vollständig abkühlen lassen und erst dann in einer Dose oder einem Glas luftdicht verpacken.

MACARONS

NACH MALUS ART

FÜR DEN TEIG
100 g sehr fein gemahlene
Mandelkerne
100 g Puderzucker, gesiebt
2 Eiweiß (à 36 g; abwiegen!)
½ TL rosafarbene Lebensmittelfarbe
(Gel oder Pulver)
100 g feiner Zucker
1 Prise Salz

FÜR DIE FÜLLUNG
90 g weiche Butter
60 g Puderzucker
abgeriebene Schale von 1 kleinen
unbehandelten Zitrone
2 EL Zitronensaft
2–3 EL Gelee, Konfitüre oder
Marmelade nach Geschmack

🕐 50 MIN + 44 MIN + ZEIT
ZUM RUHEN (1–2 TAGE)
🧁 × 26–28

♥ Zwei Backbleche mit Backpapier belegen. Für den Teig die Mandeln, den Puderzucker, 1 Eiweiß und die Lebensmittelfarbe vermengen. Den Zucker mit 25 ml Wasser in einen kleinen Topf geben und einige Minuten stehen lassen. Das zweite Eiweiß und das Salz in eine saubere, fettfreie Rührschüssel geben und das Handrührgerät bereithalten.

♥ Das Zuckerwasser bei mittlerer Temperatur zum Kochen bringen, dabei nicht umrühren. Sobald der Zuckersirup 100 °C erreicht hat (Zuckerthermometer verwenden!), das Eiweiß steif schlagen. Den Zuckersirup weiter erhitzen. Bei einer Temperatur von 118–120 °C den Zuckersirup in feinem Strahl vorsichtig zum Eischnee geben und unterrühren. Diese Meringue weiterrühren, bis sie auf etwa 35 °C abgekühlt ist. Ein Drittel davon unter die Mandelmasse ziehen. Dann nach und nach die restliche Meringue hinzufügen. Dabei die Masse mit einem Teigschaber sorgfältig, aber nicht zu lange vermengen, bis sie in breitem Band vom Löffel fällt. In einen Spritzbeutel mit Rundtülle (10 mm Ø) füllen und 52–56 möglichst gleich große Taler auf die Backbleche spritzen. Die Bleche ein paar Mal kräftig auf die Arbeitsfläche schlagen, um eventuell vorhandene Luftbläschen zu beseitigen. Die Macarons 30 Minuten trocknen lassen.

♥ Den Backofen auf 140 °C Umluft vorheizen. Die Macarons auf den mittleren Schienen etwa 14 Minuten backen (beide Bleche gleichzeitig). Herausnehmen und auf den Blechen vollständig abkühlen lassen, dann vorsichtig von der Unterlage lösen.

♥ Für die Füllung Butter, Puderzucker, Zitronenschale und -saft verrühren. Auf die Hälfte der Macarons auf der glatten Seite einen Kreis mit Zitronencreme spritzen. Die in der Mitte entstandene Lücke mit Gelee füllen. Vorsichtig die restlichen Macarons mit der glatten Seite aufsetzen und nur so stark andrücken, bis die Creme den Rand erreicht. Die Macarons vor dem Verzehr 1–2 Tage in einem gut verschlossenen Behälter im Kühlschrank ruhen lassen.

TIPP

Gekühlt halten sich die Macarons etwa 3 Tage. Man kann sie auch einfrieren (1 Stunde vor dem Servieren herausnehmen).

FÜR DEN TEIG
200 g Margarine oder Butter
90 g Zucker
2 TL Vanillezucker
280 g Mehl
2 EL Kakaopulver

🕐 30 MIN + 37–39 MIN

🧁 × 45

KLEIN & FEIN

KEKSE
KARIERT UND GEKRINGELT

♥ In einer Schüssel die Margarine oder Butter mit einer Gabel weich rühren. Den Zucker, den Vanillezucker und das Mehl hinzufügen und untermischen. Den Teig in zwei Portionen teilen, eine davon mit dem Kakaopulver gut verkneten. Den hellen und den dunklen Teig in je zwei Portionen teilen und zu gleich langen Rollen mit 1,5–2 cm Ø formen. Eine helle neben eine dunkle Rolle legen, dann auf der hellen eine dunkle Rolle platzieren und auf der dunklen Rolle eine helle. Die Rollen leicht andrücken, sodass eine große Rolle entsteht. Diese, in Frischhaltefolie gewickelt, für etwa 25 Minuten kalt stellen.

♥ Den Backofen auf 200 °C vorheizen. Ein Backblech mit Backpapier belegen. Mit einem scharfen Messer die Rolle in 5–6 mm dicke Scheiben (etwa 45 Stück) schneiden. Die Kekse auf das Backblech legen und im vorgeheizten Ofen auf der mittleren Schiene 12–14 Minuten backen, bis sie leicht gebräunt sind. Herausnehmen und auf einem Kuchengitter abkühlen lassen.

VARIANTE
Anstatt vier Rollen zu formen, den hellen und den dunklen Teig zu je einem etwa 15 x 40 cm großen Rechteck ausrollen. Die beiden Rechtecke aufeinanderlegen und von der Längsseite her aufrollen. Die Rolle wie beschrieben kalt stellen, in Scheiben schneiden und backen.

MANDELGEBÄCK

NACH GUDMORS ART

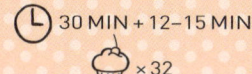

FÜR DEN TEIG
270 g Mehl, mehr zum Verarbeiten
1 TL Backpulver
80 g Zucker
200 g Butter
60 g gehackte Mandelkerne

🕐 30 MIN + 12–15 MIN

🧁 ×32

♥ Den Backofen auf 175 °C vorheizen. Ein Backblech mit Backpapier belegen.

♥ In einer Rührschüssel Mehl, Backpulver, Zucker und Butter mit den Knethaken des Handrührgeräts zu einem Teig verarbeiten. Die Mandeln dazugeben und alle Zutaten mit den Händen gut verkneten.

♥ Den Teig in vier Portionen teilen und diese auf der bemehlten Arbeitsfläche zu gleichmäßigen Rollen mit 2–3 cm Ø formen. Jede Rolle in acht Scheiben schneiden. Diese auf das Backblech legen und mithilfe einer Gabel oder eines Messers etwas flach drücken.

♥ Die Kekse im vorgeheizten Ofen auf der mittleren Schiene 12–15 Minuten backen, bis sie leicht gebräunt sind. Herausnehmen und auf einem Kuchengitter abkühlen lassen.

FÜR DEN TEIG
1 Würfel frische Hefe (42 g)
300 ml Milch
100 g Butter
120 g Zucker
550–600 g Mehl,
mehr zum Verarbeiten

FÜR DIE FÜLLUNG
100 g Marzipanrohmasse
100 g weiche Butter
2 EL Vanillezucker

AUSSERDEM
1 Ei zum Bestreichen

🕐 60 MIN + 74–100 MIN
🧁 × 30–35

TIPP

„Krumelurer" ist schwedisch und
heißt Krakel oder Schnörkel.

KRUMELURER
NACH GROSSMUTTER HILDAS ART

♥ Für den Teig die Hefe in eine Schüssel bröckeln. In einem kleinen Topf die Milch zusammen mit der Butter auf 37 °C erwärmen. Ein wenig von dieser Mischung zur Hefe geben und die Hefe unter Rühren darin auflösen, dann die restliche Milch-Butter-Mischung hinzufügen. Den Zucker und das Mehl unter ständigem Rühren mit den Knethaken des Handrührgeräts dazugeben und alles zu einem glatten Teig verarbeiten. Den Teig zugedeckt an einem warmen Ort 30–40 Minuten gehen lassen, bis sich sein Volumen deutlich vergrößert hat.

♥ Für die Füllung das Marzipan grob raspeln und mit der Butter und dem Vanillezucker vermengen. Den Teig auf der bemehlten Arbeitsfläche erneut durchkneten, dann zu einem etwa 65 x 35 cm großen Rechteck ausrollen. Die Füllung gleichmäßig auf dem Teig verteilen. Den Teig längs so zusammenfalten bzw. einschlagen, dass nun drei Schichten übereinanderliegen. Den gefalteten Teig quer in 30–35 schmale Streifen schneiden. Diese verdrehen und eng zu einem Hufeisen zusammenlegen. Den Teig für weitere 30–40 Minuten zugedeckt gehen lassen.

♥ Inzwischen den Backofen auf 250 °C vorheizen. Zwei Backbleche mit Backpapier belegen. Die Krumelurer darauf verteilen. Das Ei verquirlen und den Teig damit bestreichen. Das Gebäck nacheinander im vorgeheizten Ofen auf der mittleren Schiene 7–10 Minuten backen. Herausnehmen und auf einem Kuchengitter abkühlen lassen.

MARZIPANKÜRBISSE

FÜR HALLOWEEN

FÜR DEN TEIG
200 g Marzipanrohmasse
einige Tropfen orangefarbene
Lebensmittelfarbe (siehe Tipp)

ZUM DEKORIEREN
8–10 kleine Schokoladenplättchen

🕐 10 MIN

🧁 × 4

♥ Das Marzipan zerkleinern, mit der Lebensmittelfarbe mischen und gut durchkneten, bis das Marzipan gleichmäßig gefärbt ist.

♥ Die Marzipanmasse in vier gleich große Portionen teilen und zu Kugeln formen. Diese oben und unten etwas flach drücken, sodass kleine Kürbisse entstehen. Mithilfe eines stumpfen Messers Rillen einarbeiten.

♥ Die Schokoladenplättchen mit einem scharfen Messer klein schneiden. Die Stückchen als „Augen" und „Mund" vorsichtig in das Marzipan drücken.

♥ Nach Belieben je ein Ästchen als „Kürbisstiel" auf der Kürbisoberseite anbringen.

TIPP

Ist keine orangefarbene Lebensmittelfarbe erhältlich, kann man einige rote und gelbe Tropfen mischen.

SÜSSE AUGEN

FÜR HALLOWEEN

FÜR DEN TEIG
90 g Margarine
70 g Zucker
1 TL Vanillezucker
40 g Puderzucker
100 g Weizenmehl
3 EL Kakaopulver

ZUM DEKORIEREN
9–11 EL Puderzucker
26 Schokoladenplättchen
rote und blaue Zuckerschrift

🕐 30 MIN + 3 STD

🧁 × 26

♥ Den Backofen auf 100 °C vorheizen. Ein Backblech mit Backpapier belegen.

♥ Für den Teig in einer Rührschüssel die Margarine cremig rühren. Zucker, Vanillezucker, Puderzucker, Mehl und Kakaopulver dazugeben und erst mit den Knethaken des Handrührgeräts, dann mit den Händen zu einem glatten Teig verarbeiten.

♥ Den Teig zu 26 kleinen Kugeln formen und auf das Backblech setzen. Im vorgeheizten Ofen auf der mittleren Schiene 2 Stunden backen. Anschließend den Ofen ausschalten und die Kugeln für etwa 1 weitere Stunde im Ofen trocknen lassen. Nach dieser Zeit sind sie im Inneren noch etwas feucht; wer sie lieber fester mag, lässt sie noch etwas länger trocknen.

♥ Den Puderzucker mit wenig Wasser zu einem dickflüssigen Guss verrühren und die „Augen" damit bestreichen. Die Schokoplättchen mittig als „Pupillen" aufsetzen und leicht andrücken. Den Guss trocknen lassen, dann mit der roten und blauen Zuckerschrift „Venen" und „Arterien" aufmalen.

ERFRISCHENDE DURSTLÖSCHER

Im Sommer braucht es manchmal eine kleine Abkühlung. Und wenn das Meer zu weit weg ist, muss es eben ein selbstgemachter kühler Drink sein. Was gibt es da Erfrischenderes als ein selbst eingekochter Mirabellensirup, aufgegossen mit eiskaltem Sprudel? Oder doch lieber eine gekühlte prickelige Limonade mit Grapefruit und Melonenkugeln? Wenn Sie sich aber nach etwas Wärmendem sehnen für die Gemütlichkeit oder als kleinen Seelentrost, genießen Sie die heiße Schokolade aus Mandelmilch. Sie werden sehen: In diesem Kapitel ist für jeden und für jede Gelegenheit etwas dabei, vom gesunden Beerensmoothie mit geeisten Bananen zum Frühstück bis zum leckeren Erdbeersaft mit Rhabarber und Holunder für ein gemütliches Picknick.

FÜR DEN SAFT

600 g Schwarze Johannisbeeren
400 g Erdbeeren
250 g Zucker
Saft von ½ Zitrone

 30 MIN + 30 MIN

× 800 ML

SAFT

MIT JOHANNIS- UND ERDBEEREN

♥ Die Früchte waschen und abtropfen lassen, die Erd-beeren entkelchen, die Johannisbeeren von den Rispen zupfen. In einem Topf die Beeren mit 500 ml Wasser zum Kochen bringen und bei niedriger Temperatur 10 Minuten köcheln lassen. Zwischendurch die Früchte mit einem Löffel oder einer Schöpfkelle zer-drücken. Die Fruchtmasse durch ein feines Sieb in einen sauberen Topf abseihen und 30 Minuten abtrop-fen lassen.

♥ Den aufgefangenen Saft mit dem Zucker aufko-chen und 3 Minuten kochen lassen, dann den Zitro-nensaft hinzufügen. Den Saft in eine saubere Flasche füllen und im Kühlschrank aufbewahren (er ist dort bis zu 2 Wochen haltbar; man kann ihn aber auch gut einfrieren).

TIPP

Servieren Sie den Saft mit Sprudel oder Sekt verdünnt.

HIBISKUSSAFT

MIT KIRSCH

FÜR DEN SAFT
4 gehäufte TL (8–10 g) Hibiskusblüten
500 ml Kirschsaft
Eiswürfel zum Servieren
(nach Belieben)

🕐 5 MIN + 10 MIN

🍾 × 1,5 L

♥ In einem Topf die Hibiskusblüten mit 1 l kochendem Wasser übergießen und 10 Minuten ziehen lassen. Den Tee durch ein Sieb in einen sauberen Topf abseihen und abkühlen lassen. Den Kirschsaft hinzufügen. Den Saft in saubere Flaschen füllen und im Kühlschrank aufbewahren (er ist dort bis zu 1 Woche haltbar). Nach Belieben mit Eiswürfeln servieren.

BEERENSMOOTHIE
MIT GEEISTEN BANANEN

FÜR DEN SMOOTHIE
1 Banane
350 g frische Erdbeeren
150 g frische Pflaumen
150 g tiefgekühlter Beerenmix
3–4 EL Holunderblütensirup
400–500 ml Kräuterlimonade
Zitronenmelisse (nach Belieben)

🕐 15 MIN + 1–2 STD
🍾 × 1 L

♥ Die Banane schälen, in dünne Scheiben schneiden und auf einer Lage Backpapier ausbreiten. Für 1–2 Stunden ins Gefrierfach geben.

♥ Die Erdbeeren und die Pflaumen waschen und trocken tupfen. Die Erdbeeren entkelchen und halbieren, die Pflaumen vierteln und entsteinen. Die Früchte mit dem tiefgekühlten Beerenmix, dem Sirup und 150 ml Kräuterlimonade im Mixer pürieren, eventuell etwas mehr Kräuterlimonade dazugeben.

♥ Zum Servieren die restliche Kräuterlimonade untermischen. Den Smoothie in Gläser gießen, die geeisten Bananenscheiben und ein paar Blättchen Zitronenmelisse dazugeben und sofort servieren.

ERDBEERSAFT

MIT RHABARBER UND HOLUNDER

FÜR DEN SAFT
500 g Rhabarber
500 g Erdbeeren
250 ml Holunderblütensirup
2 EL Limettensaft

🕐 15 MIN + 15 MIN
🍾 × 1 L

♥ Den Rhabarber waschen, schälen und in kleinere Stücke schneiden. Die Erdbeeren waschen, entkelchen und halbieren. Die Früchte in einen Topf geben und den Holunderblütensirup sowie 550 ml Wasser hinzufügen. Bei niedriger Temperatur etwa 15 Minuten köcheln lassen. Anschließend durch ein Sieb in einen sauberen Topf abseihen. Den aufgefangenen Saft mit dem Limettensaft mischen und nochmals kurz aufkochen lassen.

♥ Den Saft in eine saubere Flasche füllen und im Kühlschrank aufbewahren (er ist dort einige Wochen haltbar).

TIPP

Zum Servieren mit Mineralwasser oder Prosecco verdünnen.

FÜR DIE LIMONADE
1 unbehandelte Zitrone
¼ Wassermelone
2 Zweige Zitronenmelisse
1 l Grapefruitlimonade
Saft von 1 Grapefruit
Ahornsirup (Menge nach Geschmack)
Mineralwasser (nach Belieben)

🕐 15 MIN

🍾 × 1–2 L

LIMONADE
AUS GRAPEFRUIT MIT MELONENKUGELN

♥ Die Zitrone heiß waschen und in Scheiben schneiden. Aus der Melone mithilfe eines Melonenausstechers kleine Kugeln ausstechen. Die Zitronenmelisse waschen und die Blätter abzupfen. Die Grapefruitlimonade mit dem Grapefruitsaft mischen und nach Geschmack mit Ahornsirup süßen.

♥ Die Zitronenscheiben und die Melonenkugeln auf Gläser verteilen, mit Limonade aufgießen und nach Belieben mit Mineralwasser auffüllen. Mit der Zitronenmelisse dekorieren und sofort servieren.

MIRABELLENSIRUP
MIT LIMETTE

FÜR DEN SIRUP
1,5 kg Mirabellen
200 ml Traubensaft
Saft von 1 Limette
300 g Zucker

🕐 10 MIN + 45–55 MIN

🍾 ×1 L

♥ Die Mirabellen waschen, die Früchte nicht entsteinen. In einen großen Topf geben und zusammen mit 200 ml Wasser, dem Trauben- und Limettensaft sowie dem Zucker langsam zum Kochen bringen. Bei niedriger Temperatur 45–55 Minuten köcheln lassen, dabei mehrmals umrühren. Die Fruchtmasse durch ein Sieb in einen sauberen Topf abseihen und den aufgefangenen Saft anschließend noch einmal kurz aufkochen lassen.

♥ Den Sirup in eine saubere Flasche füllen und im Kühlschrank aufbewahren (er ist dort einige Wochen haltbar).

TIPP

Zum Servieren mit Traubensaft, Mineralwasser oder Prosecco verdünnen.

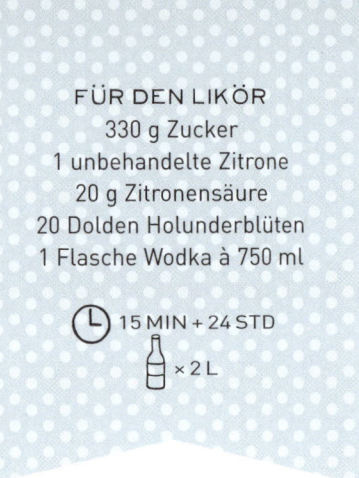

FÜR DEN LIKÖR
330 g Zucker
1 unbehandelte Zitrone
20 g Zitronensäure
20 Dolden Holunderblüten
1 Flasche Wodka à 750 ml

🕐 15 MIN + 24 STD

🍾 × 2 L

BRITTAS LIKÖR
AUS HOLUNDERBLÜTEN

♥ In einem Topf 1 l Wasser erhitzen, den Zucker dazugeben und unter Rühren darin auflösen. Die Zitrone heiß waschen und in Scheiben schneiden. Die Zitronenscheiben und die Zitronensäure zum Zuckerwasser in den Topf geben. Die abgezupften Holunderblüten nur ausschütteln, nicht waschen und ebenfalls in den Topf geben. Zugedeckt für 24 Stunden kühl stellen und ziehen lassen.

♥ Danach den Sirup durch ein Küchentuch oder ein feines Sieb in einen sauberen Topf abseihen. Den Sirup mit dem Wodka mischen und in zwei saubere Flaschen (à 1 l) füllen. Im Kühlschrank aufbewahren (der Likör ist dort mehrere Monate haltbar).

TIPP

Den Likör gut gekühlt mit Eiswürfeln
und Zitronenscheiben servieren.

FÜR DEN SAFT
200 g Himbeeren
(frisch oder tiefgekühlt)
550 ml Kirschsaft
350 ml Apfelsaft
Ahornsirup
(Menge nach Geschmack)

🕐 5 MIN

🍾 × 1 L

FRUCHTIGES

„BLUT"

❤ Die Himbeeren, den Kirschsaft und den Apfelsaft im Mixer pürieren. Nach Geschmack mit Ahornsirup süßen. Auf Gläser verteilen und sofort servieren.

HEISSE SCHOKI

MIT MANDELMILCH

FÜR DIE HEISSE SCHOKOLADE
1 l Mandeldrink (aus Supermarkt
oder Drogerie)
80 g Nougatschokolade
2–3 TL Kakaopulver
4–6 TL Zucker
Schlagsahne (nach Belieben)

🕐 10 MIN

× 4 BECHER À 250 ML

♥ In einem Topf den Mandeldrink erhitzen. Die Schokolade in kleine Stücke brechen und zusammen mit dem Kakaopulver und dem Zucker in den heißen Mandeldrink geben. Rühren, bis die Schokolade geschmolzen und eine glatte Masse entstanden ist. Die heiße Schokolade in Becher oder Tassen füllen, nach Belieben einen Klecks Schlagsahne obenauf setzen und sofort servieren.

DANKE

Ich möchte mich sehr herzlich bei meinen Lesern bedanken und freue mich wie immer über Rückmeldungen und Anregungen. Ich bedanke mich bei allen, die mich geduldig und immer wieder unterstützt haben, bei Wind und Wetter. Bei meiner Familie, bei Barbara Aichinger, die mich mit Leckereien aus Österreich vertraut gemacht und mich für die Seite 6 fotografiert hat. Ich möchte mich sehr herzlich bei Susi und Björn Kröger bedanken, in deren wunderbarem Café „Kaffeetied" ich fotografieren und deren tolle Rezepte ich für mein Buch verwenden durfte. Mein Dank geht an Maria Schubert, die im Café der Overmeyer-Landbaukultur die köstlichsten Kuchen und Torten zaubert. Ich bedanke mich bei Maren Lubbe von MaLu's Köstlichkeiten und bei Muriel Struck. Wir hatten zusammen einen vergnüglichen Backtag und haben die schönsten Macarons gebacken.
Ich möchte mich beim Museum für Kunst und Gewerbe in Hamburg bedanken, dafür, dass ich die muntere Kindergeburtstagsgesellschaft in wunderschönen Kostümen im Spiegelsaal ablichten durfte.
Herzlichen Dank auch an Frau Heinel vom Christian Verlag und an Frau Judä.
Tack till Aneeta Larsson från Cafe Biblos i Båstad!
Mehr von mir gibt es auf
headsandfood-photography.com

DIE AUTORIN

Marie Langenau verbrachte jahrelang ihre Sommer bei ihren Großeltern an der Südwestküste Schwedens. Dort lernte sie zahlreiche Familienrezepte kennen und entdeckte ihre Liebe zur Natur. Hauptberuflich als Ärztin tätig, arbeitet sie auch als freie Fotografin und hält das Landleben in ganz Deutschland fest. Im Christian Verlag hat Sie schon mehrere Bücher veröffentlicht.

REZEPTREGISTER

SACHREGISTER

HINWEIS: Alle Temperaturangaben beziehen sich auf die Einstellung Ober-/Unterhitze. Die erste Zeitangabe bezieht sich immer auf die reine Zubereitungszeit. Alle weiteren auf Back-, Ruhezeiten o.ä.

IMPRESSUM

Produktmanagement: Annemarie Heinel
Textredaktion: Monika Judä
Korrektur: Asta Machat
Layout: Sabine Loos
Satz: Silke Schüler
Umschlaggestaltung: Werbeagentur ZERO, München, mit Fotos von Marie Langenau
Repro: LUDWIG:media, Zell am See
Herstellung: Barbara Uhlig
Text und Rezepte: Marie Langenau
Fotografie und Styling: Marie Langenau
Alle Fotos stammen von Marie Langenau

Printed in Slovakia

Sind Sie mit diesem Titel zufrieden? Dann würden wir uns über Ihre Weiterempfehlung freuen. Erzählen Sie es im Freundeskreis, berichten Sie Ihrem Buchhändler, oder bewerten Sie bei Onlinekauf. Und wenn Sie Kritik, Korrekturen, Aktualisierungen haben, freuen wir uns über Ihre Nachricht an Christian Verlag, Postfach 40 02 09, D-80702 München oder per E-Mail an lektorat@verlagshaus.de.

Unser komplettes Programm finden Sie unter

Die Deutsche Nationalbibliothek verzeichnet diese Publikation in der Deutschen National-bibliografie; detaillierte bibliografische Daten sind im Internet über http://dnb.d-nb.de abrufbar.

© 2017 Christian Verlag GmbH, München
ISBN 978-3-86244-974-3
Alle Rechte vorbehalten

Wenn Ihnen dieses Buch gefällt, empfehle ich Ihnen auch „So schmeckt mein Sommer", „Meine bunte Herbstküche", „Meine frische Gemüse küche" und „Meine Weihnachtsküche" aus dem Christian Verlag.
Ihre Marie Langenau

Ebenfalls erhältlich ...

ISBN 978-3-86244-253-9

ISBN 978-3-86244-530-1

ISBN 978-3-86244-699-5

ISBN 978-3-86244-760-2

www.christian-verlag.de